大展好書　好書大展

社會人智囊

9

解讀人心術

淺野八郎 著
李玉瓊 譯

大展出版社有限公司

序言

現代人心有如一潭深淵撲朔迷離，爾虞我詐的人際關係中，在在暴露彼此猜疑、不信的詭譎。翻開報紙社會版經常可見骨肉親情間的傷害，或新婚燕爾因齟齬而鬧成命案，以及公司老闆被親信的部屬設計陷害等人際問題所造成的悲劇。

二十一世紀正是人心問題特別受到重視的時代，世間諸事沒有比人心更難以掌握與處理。對方的心理似懂非懂，而其真心本意又令人不知從何拿捏，甚至自己本身的心理也瞬息萬變。自信滿滿一副不可一世的政治家，在背地裡可能有出人意外的煩惱，或因不安感到懦弱、膽怯，亦或鬥志高昂全力以赴的決心，可能在剎那間陷入迷惘而不知所措。

縱然人心充滿謎團難以捉摸，但是我們每天必須和難以窺探其心的人們一起工作，並維持人際關係。就連推銷的工作也從推銷物品的時代，慢慢演變成促銷心理慾求、出售滿足感的時代了。現今社會令人深切體驗揣測人心之謎，並充分掌握對方的心理，以維持人際關係的重要性。

雖然語言是交際的開端，然而人際關係的第一步並不只是憑藉「語言」，而是自起自初次碰面的瞬間印象，亦即彼此握手，對目相視的瞬間心理感應。與討厭的人握手自然和心存好感的人握手大不相同。

目前已進入電腦資訊時代。超級市場的收銀員只專注地盯著商品上的定價、品碼，機械性地在電腦鍵盤上打數字，而對顧客視若無睹。這彷彿是大工廠中把商品藉由輸送帶整理的員工一樣，根本失去了將商品出售給顧客的商店，原有的經營方式，難怪無法瞭解顧客的心理了。其實今日社會的一切商業往來，應始於重視顧客的人格，並藉由對顧客的關心才有一連串的商業活動。

日本戰前從商者的家訓中有：熱戀買賣！熱戀人！等的訓示。而在人際關係日漸混亂，處於彼此互不信任的二十一世紀，我們是否應該重新反省：每日與他人交往會晤中，如何去「看待人」的問題呢？

更深入地去理解隱藏在顧客表面虛飾下的心理，應會對他人產生興趣吧。

事實上，這正是本書的目的。

簡言之，本書的內容是在電腦時代的人際關係中反璞歸真，以率直的眼光與人接觸，並從而理解他人的心理。

這類洞察人心的書籍，全世界正熱烈銷售中。換言之，人們渴望藉由認識自己、瞭解他人，以防範糾紛於未然，並努力地探討對方的真正需求。

歐美國家不同的人種以不同的語言為母語，各民族生活在一起並進行貿易往來，在這種情況下如何去瞭解對方的心理，掌握其需求，乃在所必然。相對地，以日本為例的同族國家，不論臉孔、體型都類似的同一民族，以同一個語言所建立的國家社會，也許在彼此的瞭解上並沒有太大的困難。甚至不需明言彼此瞭解對方內心所想。日本政治家特有的「腹藝」（以氣量、經驗做判斷、處理事務），也只有在日本人之間才能達到效果。

在歐美社會必須相當的努力，才能將自己的真心傳達給對方，而瞭解對方的觀念、想法，卻得煞費苦心。因此，「解讀人心」的書籍之所以買氣暢旺，也許是這個原因吧。

最近日本也開始出現人際關係的歐美化。尤其是不同的年代，更有令人彷佛在與外國人交往的感嘆，彼此之間的感受有極大的差異。西歐式的心理術，也許正符合時代所需，藉此才能看穿同一民族人際關係複雜的心理。

站在眼前的人是否真的對自己有好感？亦或嘴上說「不」，內心卻已應允呢？如果能像X光掃描對方隱藏的心態，以了解其真心本意該有多好。

本書為各位介紹並公開如何解讀人心本質的技巧，及最新的心理學技法。簡言之，是根據現代心理學的人心解讀術。

解讀人心的技術與知識，應該是把「出售商品」或「向對方傳達個人心意」視若重要工作的人，所迫切需要的吧。而這些技術雖然尚未在學問的領域上，占有一席之地，然而目前在全世界這類學問卻廣為流行。

目錄

第二章　與不同類型的對方相處的技巧

第五章 從日常生活的智慧看穿對方

第一章

瞭解對方百戰不危

1 第一印象的重要

在初次會晤即能與人保持良好人際關係的人，大多數是人間觀察的高手。他們根據對方的外表、服裝，及細微的動作或癖性為線索，巧妙地掌握對方的性格或生活狀況。誠如柯南道爾推理小說筆下的福爾摩斯偵探，會注意對方為人所疏忽的「特徵」。譬如，對方的右手中指上有筆繭，而指頭上沾有紅墨汁，西裝的手肘磨得油光，推測該人從事會計相關的工作，又如看對方的背影，右肩下垂而又散發消毒藥水的臭味，則揣測是牙醫師……。

資深推銷員或店員，通常是鑑別初次見面者的天才。譬如，前幾年在日本曾經發生的運鈔車被襲案件中，令警方掌握逮捕兇嫌機會的東京證券公司員工，其敏銳觀察也屬其中一例。

這位證券公司的職員，對抱著二、〇〇〇萬圓巨款，而其中全是骯髒的千圓大鈔和五佰圓鈔票，前來購買股票的顧客感到可疑。同時，這名顧客搭乘的汽車是名古屋的車號，名古屋也有多數證券公司，何必長途跋涉到東京購買？且身上帶的是骯髒的千圓鈔票。這職員覺得其中頗有蹊蹺而緊急向警方通報。

在各個場面中會無意間暴露個人的性格、願望或生活狀況。訓練自己從生活瑣事中掌握對方心理，可說促使人際關係圓滑的重要條件。

2　道中高手都具備卓越的人物觀察眼力

法國心理學家果克蘭，發表了一本奇特的研究書『瞭解人的心理學』，而掀起一陣話題。這本書的內容非常獨特，他介紹掌握對方人品的方法，並不只根據其習性或表情，而是觀察對方的攜帶品、用餐方式、戴帽法等日常行動。

人的個性隨處可見。各位不妨觀察參加同學會或出席宴會的人，必有許多不同個性的表態。有些人在宴會將開始而匆忙地趕到會場，而有些人在宴會開始前三十分鐘左右便已到達會場等候。

宴會前五分鐘和三十分鐘前到達的人性格上出入甚大。而在支付會費時也有個別差異，有些人出席之前會準備好應繳的費額以避免找零，而有人卻會掏出大鈔支付少許的會費。人會在自己的攜帶品或無意識的動作中表現自己。常見有些男性刻意穿戴印有歐洲一流品牌名稱的領帶、皮帶，以炫耀他人。

這乃是該人在潛意識裡，希望人人理解他身上所穿戴的都屬一級品，以表明自己屬於上流社會份子的心態。

◇洛克斐勒的人物觀察法

據說美國大財閥之一，洛克斐勒的創立者約翰•D•洛克斐勒，是在對方毫無警戒的狀態下，做人物觀察的高手。他只注意所要觀察人物的同事，如何地看待這個人，應對方式居住環境，即能掌握其真實的面貌。譬如，例假日出其不意地到職員家裡拜訪，隨意調查其書櫃上所擺放的書籍，即可瞭解對方的「興趣」。

◇以男性象徵做人物判斷

日本財經界中有許多在人物鑑定上特異獨行的人。水泥業界堪稱翹楚也是先覺者的淺野總一郎先生，具有卓越的觀人眼力。傳聞他在面試中會一一叫應考者到董事長室，調查各人男性象徵的大小，做為判斷其將來性的依據。

據說某議員對多數到自宅拜訪的客人，會捲起和服的下擺故意強調自己身為男性的偉大，做為初次見面的招呼禮，並藉此說服或聯絡對方。

◇「聲音」獲得賞識的大宅壯一

這是大宅先生出人頭地前的一段軼事。某次，大宅先生到鄉郊某溫泉地旅行，在旅館的浴室聲如洪鐘地與朋友閒聊之後回到房內，突然有一名陌生的紳士前來拜訪。

「剛才在浴室大聲談話的人是您嗎？」

「是的。」

聽到這個回答，那位紳士對大宅先生說：「像你這種聲音的人將來必有大成。」那位紳士只憑浴室所聞，即發現聲音異於常人的「大人物的器量」。

◇人的「品味」

日本講談社的創立者野間清治先生也是一位能發掘他人長才，並使其得以發揮的經營者。他在『繁榮之道』的著作中提及：「凡有志成事者，皆應努力尋求善者、賢人，應引頸翹望、睜大眼睛（省略）努力不懈。求人、追求善人，乃是事業開始的第一緊要關鍵，繁榮之要訣莫在此。」

野間先生認為每個人各有其隱藏的優點，就是個人所擁有的「味道」。他甚至指稱可將人分為「甜、辣、酸、苦、鹹、澀、斂」等各類型。一般人認為年幼時期富有「甜味」（溫和）的少年是好孩子，而調皮搗蛋的小孩則一無是處，其實，其中有各自不同的「味道」。

溫和的人因其乖順善於驅使，使人對其評價寬鬆在某一方面認為是好人。但是，個性雖不溫和的少年，卻可因指導者的知人善任，而發揮卓越的能力。

3　顧客的深層心理

◇容器的顏色改變販賣的行情

人在購買商品的動機中，有許多無法做合理解釋的心理作用。美國某心理研究所曾做過有趣的實驗。實驗中改變同一種中性洗潔劑的容器顏色，而尋求消費者的意見。①洗潔劑容器的顏色是藍色、②改成黃色，另一個③是在藍色的容器上塗上黃色斑點。

分別裝進三種容器的洗潔劑，讓主婦們使用一段時間之後，詢問她們對洗潔劑的意見，雖然洗潔劑的內容完全相同，卻獲得不同的意見。

①藍色容器的洗潔劑洗後覺得清爽俐落，但難以去除污垢。

對②的洗潔劑有多數認為可充分去除污垢，卻會造成手部乾裂的困擾。

而第③的容器亦即混雜藍色與黃色容器的洗潔劑，被認為是「最好的洗潔劑」「使用方便又不傷玉手」。

由此可見，同樣的洗潔劑只因為改變容器的顏色，就會造成如此差異的暗示效果。

◇商品架的位置也能改變銷售行情

另舉一個有趣的例子。美國某超級市場，有一種深受主婦們喜愛的「罐裝火腿」。由於銷路特別好，使得董事長也覺得不可思議。但是，從某天開始這個罐裝火腿竟然乏人問津。超級市場的高級主管們百思不解而進行調查。甚至有人擔心是否火腿的品質不好。結果從調查中發現了意外的事實。

原來當天在整理超級市場內部時，改變了罐裝火腿的陳列位置。

一般超級市場的顧客並非以特定目的去購物，而是隨興所致衝動地購物為多（這種傾向在任何超級市場似乎大同小異）。結果根據商品的陳列位置，竟有銷路好壞的差別。

一般靠近出口、擺在收銀機附近架上的商品銷路會提高二～三成。而放置於垂手可得位置（櫥架中段）的商品銷路最好，放在上段（齊眼的位置）櫥架上的銷路會減低兩成。而放在腳邊的商品營業額會降低四成左右。

換言之，商品的銷路，乃受購買者的心理而非商品品質的影響。最受陳列位置影響的商品是書籍。

暢銷書一定放在最引人注目、方便取得的位置。購買位於頭頂上方高架上書籍的人，一定是讀書狂或學者。

◇顧客的心理是不通情理的

顧客在購買商品的動機中，摻雜著多數衝動的因素。顧客容易受騙而有不合情理的選擇。理解顧客們的心理乃是生意興隆的第一關鍵。

顧客的心理並不只反映在商品的選擇上，在各種場合中也有許多類似的曖昧情緒，造成衝動性的抉擇。以下介紹其中二、三例。

據說報紙或雜誌上筆友欄中通信交友最為熱烈的，是名列在該欄第一個的女性或男性，三成左右的通信幾乎集中在佔居欄上第一位的人身上。而報紙或雜誌的讀者欄中，「社團」或「男女交友聯誼會」之類的廣告，如果刊登者或主其事者是女性，則應徵者以男性居多，相反地，刊載男性的姓名則前往應徵的多數是女性。

這些事實，也可以說是難以理解的奧妙心理作祟吧。

最近的販賣活動中，也有利用對消費者的問卷調查，再根據統計數字訂定販賣企劃。但是，根據這些問卷調查而付諸實行的，卻有多數失敗的例子。

美國大出版社「柯利亞出版社」，曾經在紐約進行一項讀者調查。由於文件調查信賴度低，而全數採取面試調查。

調查中有一個項目是：「最近兩個月內您讀那些雜誌？」根據調查結果，發現有將近兩成的人回答是「柯利亞雜誌」。其實，「柯利亞雜誌」在做這項調查的數年前已經停刊。有些讀者不知詳情，卻以應酬話回答「柯利亞雜誌」。雜誌或報紙做發行量調查時，結果多半是自己公司的居於榜首，無非是上述讀者心理的作祟。所以「問卷調查」是不值得信賴的。

4　觀察顧客的「家」

那麼，如何才能分辨成為鎖定目標的顧客？有無看穿顧客心理的方法？

在此更具體地研究令顧客購買的心理戰術。顧客在購買商品時會受前述的衝動因素影響，當然也有其他的情況。那麼，情非得已之下必須找到購買的顧客時該怎麼辨？有關這方面的心理也一併探討。

做訪問推銷時要鎖定目標的顧客，光憑一、二次的拜訪是不可能的。但是，卻有利用次數少的訪問而提高效率的方法。其一是針對鎖定的目標蒐集各種資料。

在訪問顧客之前先思考一下的檢查表。

＜檢查表＞

①屋頂是什麼顏色？

②圍牆或門是何種形狀？

③住家朝那個方向？
④有幾個孩子？
⑤電器使用量、垃圾量？

◇紅屋頂的住家決定權在主婦

擁有自己的家，屋頂漆成「紅色」的家庭，一般對新商品特別關心。對時髦家具或電器用品也較為嚮往。尤其是這種家庭的門或外牆顯得摩登，住家本身卻不特別突出多半是慾求不滿型。通常家庭的商品決定權是在女性手中。

「藍色」屋頂的住家多半是從事律師、作家、設計師等自由業。這種家庭很難應付，但是一旦親近之後，是極易推銷的顧客。

圍牆或門裝飾得特別華麗的住家，通常對金錢反而斤斤計較，做訪問推銷的成功率最低。而且，這種家庭通常會在高級百貨公司購貨。

另外，也要仔細注意住家座落的方位。特別是陽光照射不到的住家，或東南邊缺乏窗戶的家庭泰半渴望生活上產生變化，或有極度不滿的人家。面對這些家庭促銷具有夢想的商品成功性較高。

◇獨子家庭多半對教育熱心

目前兩、三個孩子的家庭較為普遍，如果兒女人口較多，又是薪水階級者，就不是推銷的對象。對推銷商品最感興趣的是「獨生子」的家庭。這種家庭通常會有多餘的購物，對教育也特別熱心。據說某個推銷百科事典大獲其利的推銷員，就是以「獨生子」「獨生女」的家庭為目標。有些家庭甚至小孩子只上小學五年級，就為其購買英語的百科事典。

◇電力使用量和收入成比例

觀察所拜訪家庭的電力使用量或垃圾量彷彿是一種偵探作為，其實公寓住家或一般家庭的電表多半置於戶外，只要稍加留意即可一目瞭然。電器使用量和該戶人家的收入關係密切。電器用品多即表示收入豐富。而垃圾的量或質也暗示該戶人家消費的傾向。

5　菁英意識的表現法

購買並不太需要的商品的人當中，有多數是憧憬特權階級渴望出人頭地。換言之，對這些人而言，所購買的並非「商品」，而是購買加入擁有這類商品者生活圈的「象徵」。也許這種人才是生意買賣的真正目標。購買昂貴商品也都是這種類型者。

◇社會菁英渴望住在高台

任何都市都有社會菁英聚集的住宅區。譬如，以地域別來調查東京都內年所得在一、〇〇〇萬圓以上的人口數，即可發現有相當突出的特徵。一、〇〇〇萬圓以上年所得者，鮮少分佈在東京的東部、隅田川往千葉縣側。找新房子的人往中央線沿線、東急、小田急沿線聚集，也許都是渴望成為菁英階級的憧憬。不僅東京在其他地方也有類似的傾向。

以東京的新宿區為例，菁英聚集的地區各具陣營。一般而言，高級住宅都聚集在地勢較高的地區，而山谷間的地域，則聚集收入較低的人家。讓學子們從學區外「越區入學」的著名學校，也多半位於高台上。推銷員到首次的地域拜訪時，可將目標鎖定在位於地勢較高的住宅做為推銷對象。

一般而言，居住在地勢高、陽光普照地區的人家，都具有較強烈的特權菁英意識。

◇升等晉級的上班族渴望購買菁英階級商品

以下是具有強烈菁英意識傾向的人。

①榮任經理、課長不久的家庭。

特權階級和煙的高低

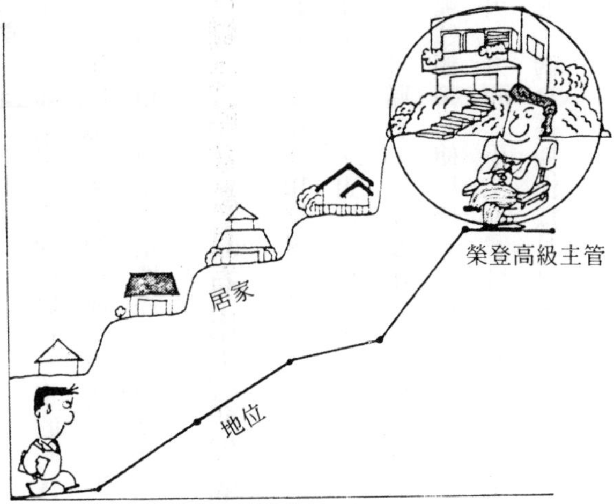

②所得急速增加三、四倍的家庭。

在人事更動期間，有較多榮登主管職位或調升等①的情況。一般在服裝、攜帶品上會有大幅度的改變，甚至有人連平常喜愛的香煙品牌或打火機也煥然一新。

面對這種人，以直接函授方式進行推銷而獲致成功的例子非常多。這時必須確認對方的職位，並慎重應對以策安全。這種人最適合推銷住宅、土地或高爾夫的會員券等。

像②所得急速上升的家庭，以推銷汽車的成功率最高。某麵包製造業的中小企業董事長，在十五年前左右年收入還不足一○○萬圓，到了一九七四年提升到一、二○○萬圓，一九七五年是三、三○○萬圓，一九七六年則急速地增加到年收五、○○○萬圓。

鎖定這位董事長為目標的汽車推銷員，在

一年內成功地賣出兩輛進口高級汽車。「覬覦所得急速增加者！」也許是汽車推銷懂得掌握志得意滿者心理的成功之道吧。

雖然日前是張三李四都擁有汽車的時代，但進口高級汽車仍然是展現社會地位的象徵之一，同時和性也有密切的關連。擁有財富與社會聲望後，渴望追求女性也是一般男性的心理。而進口汽車的時髦，正能滿足這兩種慾求。

◇打蝴蝶結領帶具有出人頭地的願望

若要看穿這種類型者的階層，可以觀察其所消費的香煙或領帶的種類。譬如，經常打蝴蝶結領帶的男性，對形式化、表現身分的事物特別關心。年輕人如打蝴蝶結領帶，多半是銀行員、商社職員。幾乎是出人頭地的執迷者。對商品的嗜好也尋求高級品。而中年以上喜愛打蝴蝶結領帶又使用煙斗的人，有人認為是性能力衰弱的證據。

另一方面，平常不愛打領帶的人通常是沒有固定職業，個性開放的人，由於缺乏經濟觀念，並不適合長期性按月付款。

6　人何以成為「顧客」

◇購買是基於五種願望

大致區分人類購物心理可發現五種願望中的某一項，對其內心造成影響。這五種心理如下所述。

①滿足本能慾求的願望——「想吃」「想喝」「想活」。

②滿足精神上、文化上慾求的願望——「渴望更便利而愉快」「渴望生活更豐富」。

③滿足「拍手喝采」願望的願望——「想出人頭地」「想成為偉人」「想擁有名望」「想比他人更引人注目」「想變得美麗」。

④滿足性慾求的願望——「渴望時髦」「渴望被愛」「渴望發洩慾情」「渴望受人歡迎」。

⑤充實更高度的心靈滿足感的願望——「渴望更高級滿足特權意識」。

人會利用金錢以各種形式努力實現上述五種願望。但是，這些願望根據個人的性格、社會環境或年齡而有差異。因此，在生意買賣上若要掌握顧客的心理，或在商談過程中使對方留下良好印象，自己該如何讓所從事的買賣滿足顧客的願望，同時考慮顧客是在何種期待下去購買商品，這些問題的揣摩日形重要。

如果把上述的願望更概括地區分，則可清楚地劃分人在購物時的兩種心理。

顧客具有被迫購買物品，藉此獲得物質滿足感，做為購物首要條件的想法。因此，這是一種既便宜又能獲得更大滿足的心理。日常所必要的商品就是其典型。其二是雖然目前並無迫切需要，而在物質上也不匱乏，卻渴望獲得心理上的滿足而購買商品的心理。

為了獲得這種心理的滿足，即使價格偏高也在所不惜。

◇出售心靈滿足的時代

接著以化妝品和食品為例說明，麵條或麵包等商品，如果以訂價的一半價格出售，任何人都趨之若鶩。這是只要便宜就能誘導顧客購買的商品。

換言之，這是平日迫切需要的商品。相對地，化妝品或藥品即使價格變得低廉，也不會誘導客人的買氣。但是，如果附加「必定使妳變得美麗」或「絕對可治疾病」等附加條件，再昂貴的商品也有人搶著買。

在掌握顧客的心理時，必先考慮到底是出售只要便宜就能令人心動的商品，或者以顧客心理的滿足度為第一優先考量呢？最近顧客的購買心理中，偏向於獲得心靈滿足的購物，而不再是迫切需要的購買。家裡所必要的家具、衣料、電器製品幾乎已經齊全，任何一樣都是不再渴望更新的物品。因而，即使市面上出現新產品也不為所動。

以汽車為例來分析購買心理時，更可以瞭解這種傾向。根據一九八〇年所發佈的日本自動車工業會的調查，據說購買新車時的標準佔居第二位的，竟然是推銷員的一番話。同類型的調查，在五年前也曾經進行過一次，而當時的結果，佔居第一位的，是汽車的性能或引擎的馬力。而價格或乘車的舒適感也是選擇新車的標準。

但是，最近外觀或機型、推銷員的暗示語等「心理上」的因素帶有極大的影響力。在性能或價格方面，任何汽車並沒有太大的出入。抉擇與否，乃在於如何去掌握對方心理上的願望並使其滿足。

◇九〇年代是心理學的時代

九〇年代被認為是心理學在商場買賣中佔居重要角色的時代。目前並非出售商品而是出售心理的時代。如果任何商家都陳列類似的商品，價格卻又大同小異，對顧客而言，自然會挑選令人感覺舒適，獲得心靈滿足的店家。

附近有數家烏龍麵店，何以會特別鍾愛其中一家而特地光顧呢？一定是覺得店員服務親切，令人感到舒適。

但是，人的心理非常細膩微妙，令人難以捉摸。雖然誠心誠意與對方相處，卻也可能招來對方的不滿。因誤解或錯覺經常彼此產生誤會。解開人心之謎不僅能改善人際之間的關係，也是促使商談成功的秘訣。

7　謊稱不在家的深層心理

從事推銷員工作已經兩年的A君，雖然商品賣得好，卻每到月底收款的時候顧客經常謊稱不在家而被逐出門外。顧客在購買時常挑三揀四，購買後卻不付款項的卑鄙手法，只因一句「老闆不在家」碰了一鼻子灰也莫可奈何。甚至分明剛才明明還在店裡頭，也公然表示「不在」，無怪乎A君會感到惱怒。

◇「親展」的封口已被打開

於是，A君想出了一個妙計。他在前往經常謊稱不在家的顧客店裡收款之前，會準備一個放有千圓大鈔的信封，信封上寫著「現金在內親展」。

當他到達前往的商店，可能又被謊稱不在家被逐回時，就掏出事先準備好的信封說：「那麽，您的老闆回家時請把這個信封交給他。」說完離開商店。

待二、三分鐘後隨即再度折返。

「剛才的信封弄錯了。那是要交給其他商店的信封，請還給我。」

如果返回的信封已開了封口就表示老闆在家，事實上，對方就不敢再謊稱不在了。

這的確是出其不意的心理戰術。

即使對方想說「老闆不在」，卻因所拿到的信封上寫著「親展」二字而交給老闆，老闆因為看見信封上的「現金在內」，產生貪婪之心而打開封口。這便是在不知不覺中把自己在家的事實暴露出來了。

說謊的心理當中，常會伴隨以自然的行動暴露其謊言的不自然行為。

為了金錢上的利益說謊，卻因金錢上的慾望而在疏忽中打開了「現金在內」的信封，結果露出馬腳讓對方逮個正著。

◇不說「老闆在家嗎？」而說「您是老闆吧！」

說謊言有各種招式，在佯稱不在的人中，有些分明自己是老闆，卻堂而皇之地說「老闆不在家」。

譬如，稅捐處的調查員到某商店調查時，自己分明是商店的老闆，卻聽對方問：「老闆在家嗎？」而輕率地以「現在老闆不在」這句話，設法擊退令人棘手的稅捐調查員。

若是資深的稅務局員，不會貿然地開口即問：「老闆在不在？」據說只看見可能是老闆的人，立即會問對方：「您是老闆吧！」一般老闆絕不會斷然地表示否定。資深稅務局員對人心的弱點掌握自如。

而刑警在偵訊嫌犯時，也會應用類似的手法。

譬如，假設兇嫌叫「陳大川」卻謊稱自己叫「王大山」，刑警在偵訊時明知其名，卻故意假裝不知情，開始也叫對方為「王大山」，當嫌犯不肯吐露實情時，突然大聲吆喝：「陳大川」。突如其來的怒喊聲，會使嫌犯頓然失去勇氣，結果一五一十地說出了實情。

8 「謊言」的效用

希特勒曾說：「越大的謊言，其中必有『可信』的一定要素，大謊言比小謊言更容易令人上鉤。」事實上希特勒的演說就是充分掌握這種效果，並做過周密的研究。

過去許多令我們大為感動的著名文學作品或名言之中，通常都隱藏著這類大謊言。

甚至基督教最大教義、聖經中也撒下了謊言。

◇基督和馬克斯的謊言

「時間已到，天國將近。請懺悔相信福音」（馬克福音書第一章、一五）、馬克斯的「共產黨宣言」的最後一句話「萬國的勞動者、團結吧！」在當時這兩句話都具有大謊言的效果。天國已近的表現給大眾帶來光明的遠景，然而如果信之者才擁有幸福豈不是大謊言。而在世界危機中高舉除了萬國勞動者團結以外，別無他法的標語，也具有相當強力影響的謊言。

這和共產主義者以資本主義為敵，資本主義以共產主義為敵的謊言類似。

希特勒在二次世界大戰前標榜德國國民的優秀性，以龐大的謊言令群眾結合的技巧，也頗與此類似。

◇馬可希的謊言

一九五〇年在美國掀起的彈核馬可希議員的旋風，也是類似的現象。馬可希上議院議員為了提高自己的名望，在議會發表國家公務員中有二〇五名共產主義者的言論，掀起話題。當被要求舉出二〇五名共產黨員的名字時，竟然銳減為五七名。

這完全是看穿大眾對「國家安全」的慾望，而利用共產主義的一種「大謊言」。

當然，在這類謊言中具有其廣大的效果。尤其是棒球或一般競技運動等，必須團體行動時謊言越大，有時越能取得團隊精神而達到效果。

◇拿破崙的謊言

拿破崙遠征義大利時由於長期行軍，多數士兵已面臨饑寒交迫衣衫襤褸的困境，在他們精疲力盡時，拿破崙用那句著名的謊言激勵士兵。

「士兵們！各位目前是沒得吃沒得穿的困境。但是，我帶領各位到世界最優厚的土地。不論是吃的、穿的或女人，只要你們想要的都給你們。」

精疲力倦的士兵們，因為這番話而士氣大振，當好不容易跋踄到義大利時，拿破崙又對士兵們說：

「諸位，我們終於要返回故鄉法國了。當你們回到故鄉的翌晨，請告訴大家。我是參加遠征義大利的偉大士兵。各位必定成為英雄。」

這席話又讓士兵們振奮不已。辛苦跋踄的阿爾卑斯山之旅，也在拿破崙的統率下平安無事地回到法國。

如果謊言到最後也是句謊言，則只不過是「小偷的伎倆」。但是，如果顧及謊言對他人所造成的心理效果，而這個謊言並不只是解決個人慾望的一種手段，則應儘量地製造謊言。

9　維持信用而借款的前人智慧

不論是朋友或自己的學長碰到開口借錢時，可需要一股勇氣，一般人無法立即巧妙表明心意。突然向他人請求「借我五萬元」，而立即爽快地回應「ＯＫ」的人，在如今炎涼的世態下不知有幾人？據說在商場界營生的人，如果可以借錢亦即可以巧妙地籌措到錢，就可獨當一面了。

◇福澤諭吉是借款的高手

日本慶應義塾的創始者福澤諭吉在年輕時代為錢所困，使出各種苦肉計。

「江戶乃是人人嚮往之處」，到江戶（目前的東京）是福澤諭吉的希望。以下介紹一則他決心到江戶時的軼事。

決定出發之後發現口袋幾乎空空如也。當他想到也許連支付途中旅費的金錢也不夠時，突然想到一名叫鐵屋惣兵衛的誠懇商人平常四處旅遊，到處都有船宿所在。於是他偽造鐵屋惣兵衛的親筆介紹函給行程中每個投宿的船宿老闆。介紹函中寫著：「這位人士住在中津是中村某某的少東，我經常出入其府宅，他是名符其實的中村某某的少東，萬事拜託。」結果不僅借到投宿的金錢，還獲得特別的禮遇。慶應元老的福澤諭吉倒也大膽豪放。

◇向卡內基借錢的馬克吐溫

利用書信請求告貸的軼事中，也有令人莞爾一笑的佳話。

『湯姆歷險記』的作者馬克吐溫，在年輕時代也有一段困頓的時期，當時他寫了一封有趣的信給大富翁安德略・卡內基；向其借錢。

他知道卡內基不僅是位大實業家，也是極為熱心的宗教家，於是寫了以下的書信。

「……前略……

世間傳聞卡內基先生您是位極有錢的富翁，又是信仰極深的人士。晚輩對宗教也極為關心，從早就想購買一本讚美歌集。當然，目前的我並沒有足夠的金錢購買價值一塊半的讚美歌集。因此，能否請求您贈送晚輩一本讚美歌集？藉此如果卡內基先生，您能永遠承納神的恩惠，正是晚輩的喜悅。

附記

與其送晚輩讚美歌集，不如寄來一塊半更覺光榮。」

讀到這封信的卡內基不僅寄了一・五元美金，還附贈一本讚美歌集。

第二章

與不同類型的對方相處的技巧

1 分類人的性格

法國心理學系列叢書中，造成轟動的有心理學家果克蘭所著的『說服術』。這本書是以心理學的角度分析在各式各樣的職業中，若要掌握他人的心理並適切地表達自己的願望，該如何應對最為理想的各種訣竅。

果克蘭認為說服他人時，該人的性格、人品或氣質是最重要的關鍵，對同一件事情，會因接受者的性格而產生不同的反應。

譬如，聽到令人憤慨的事情，有些人會以言詞來表現抱怨，而有些人可能立即產生肢體動作，抬起手來欲攻擊對方。當然，其中有人可能沈下臉來，按奈自己受傷害的情緒，也有人勉強裝出笑容，表現一副無所謂的神態。

基於上述的觀點，說服他人的關鍵乃在於洞察對方的性格。因此，我們從各個角度來分析，如何掌握對方因性格不同的應對法。

那麼，人的基本性格或類型可分為那幾種呢？

性格分類有各種方法，若是推銷之類直接與人接觸的工作，依下列方式分成八種，再思考各性格的推銷方式，是非常實際而有用的。

首先，以對方的特徵而言，如果喜怒哀樂的表情非常誇張，則可判斷該人是屬於感情型。相反地，喜怒不形於色的人則是非感情型。接著觀察其行動模式，分析對方是否屬於好動的行動派。行動派又容易暴露感情者是行動感情型，非行動派但亦暴露感情者是非行動感情型。如此，便可分成四種基本類型。

接著再分析上述令人察覺到的特徵，是在每次前往拜訪時即表現在外，任何人與其接觸都會有類似的感覺嗎？或者初次見面時無法清楚看出其原貌，在交往一段時間之後才慢慢地暴露出來？

隨時有明顯特徵者是「積極型」，偶而才出現明顯特徵者則是「消極型」，由此再分為

人的性格——八種類型

- 感情型
  - 行動感情型
    - ①積極行動感情型（猛烈型）
    - ②消極行動感情型（陰晴不定型）
  - 非行動感情型
    - ③積極非行動感情型（鬱卒慎重派）
    - ④消極非行動感情型（浪漫主義者）
- 非感情型
  - 行動非感情型
    - ⑤積極行動非感情型（現實家）
    - ⑥消極行動非感情型（樂天派）
  - 非行動非感情型
    - ⑦積極非行動非感情型（有氣無力型）
    - ⑧消極非行動非感情型（形式主義者）

兩類則可將人的類型分為八種。

接著我們再來分析各種類型的心理表現法，及與不同類型者接觸的方法。

2 猛烈型（積極行動感情型）

儘量與他人配合的人情家，通常會擔任鎮內調解委員或積極參與PTA活動，熱心服務他人擁有個人的信念與主義。重視家人、母校、鄉土。凡事厭惡半途而廢，一旦著手的事情必貫徹到底。雖然無法坐視陷於困境者於不顧，卻採保守的態度。自尊心強又富有義理人情，因而不會讓自己的家人或信賴的人，受人責難而置之不理。不過，心情不好時會沈下一張臉。

與這種人接觸首先必須嚴守時間與約定。同時，必須比約定的時間更早外出。一次不成，也要再而三地拜訪，必可獲得對方的信賴。如果在雨天或下雪等一般人裹足不前的日子，做工作上的拜訪，更會提高對方的信賴感。

這種人對於名譽或地位極為嚮往，而不汲汲營營地賺錢、追求利益，對於擁有異於一般人之處會感到喜悅，同時具有超越常人的渴望。

重視同鄉人、學長前輩，因而向這種類型者促銷時，有這些人士的介紹效果更佳。同時，也必須積極地參與工作以外的交際往來。留意耐性聆聽對方大吐苦水。

3 陰晴不定型（消極行動感情型）

情緒起伏不定，可能相見如故也可能一目成仇。喜好交談懂得如何愉悅對方而表情豐富。志氣相投時可以聊上一整天，若是人品獲得其賞識會在工作上伸出援手，重視義理人情絕不會坐視受困者於不顧。

不過，原本相處融洽而以為即將萬事如意，卻可能出乎意料地受到打擊。在對方因某事憤怒或心情不佳的日子前往推銷時，一切都無法順遂己意。夫妻爭吵或碰到不快的事情時，態度的轉變比一般人更為明顯。

如果為了迎合對方而以對方專業的內容為話題時，通常會被其厭惡。譬如，如果對方從事的是設計師的工作，而以服裝為話題只會惹來嫌棄。

一般人認為若是自己專業的工作，定會洋洋得意地侃侃而談，事實上，人的心理上，具有在工作以外的時間儘量遠離工作話體的潛在意識。

如果提起高爾夫球或棒球等與該人專業工作毫無關係的話題就越聊越起勁了。在這個時候如果又談起工作的事，鐵定碰到一鼻子灰。

酒吧或俱樂部的女侍最懂得這方面的禁忌。越是資深而受人歡迎的女侍，絕不會與顧客談論與其從事行業有關的話題。

專家對自己專門行業，具有一種職業上的自尊心。即使會和同業者談論也不願和外行人交談。但是，如果在專業以外有特殊卓越的技能，則渴望他人問及。

據說美國前總統艾森豪在打高爾夫時，絕對不和談論政治者交談。任何人都有類似的心理傾向。

4　鬱卒愼重派（積極非行動感情型）

基本上屬於三心兩意的性格，情緒起伏不定喜愛求新求變。具有相當的集中力卻難以持久。猶豫不決難以下定決心又欠缺活動性。看到商品時，會瞬間地做好壞的反應。

對感情方面，刺激性、嶄新特殊的對象特別感興趣，有時會造成感覺上的混亂。重視時間，如果同時處理不同的事務容易造成混亂。

強烈而迅速變化的感情，會妨礙精神上的一致性而引致說謊。同時，常見毒舌家或辛辣的批判家，帶有自卑感或不滿時會發牢騷，有時會表現極為粗暴的態度。

以這種類型為交易對象，剛開始會煞費苦心難以順利進展。

這種人討厭談論自己專業的事情，但若是興趣或專業以外的話題，卻渴望誇示或展現比一般人更專長或富有知識。業餘的Ｖ８攝影愛好者可謂其典型。拍攝Ｖ８的人從向衆人「展現」的過程中，會感到比製作Ｖ８更強的的喜悅。

興趣通常不是為了自我滿足，而是從「展現」給他人看之中，去體驗滿足感。

男女之間最容易暴露其「渴望表現」、「希望引人注目」的慾望多少有些不同，以男性為例，這些慾望的代表是「手錶」「領帶」「汽車」「收藏品」等。

看見有人戴著高級而特殊的手錶時，不妨讚美一句：「哇！好特別的手錶！」碰到顧客搭乘進口汽車而來，也別忘了讚美。

只要發現對方身上所穿戴的物品異於常人，就當做話題談論——這是在最初的會晤中，掌握對方心理的捷徑。

我怎麼如此三心兩意呢？

5 浪漫主義者（消極非行動感情型）

容易興奮的本質卻因內向而悄悄隱藏心中不表露感情。雖然常見孤獨卻能與特定的知已，持續熱烈的交際往來。討厭變化喜好思古幽情或習慣，在交友中如果痛恨對方則終其一生不再改變，而一旦出自忠誠必貫徹到死。

因此，和某團體或人結成知己鮮少會分離，絕不會有失望或分裂的情形發生。如果被親信的知己背叛有如椎心之痛。非常重視自古相傳的「交易」，也珍惜知己或前輩的建議。

以這種類型為顧客時拜訪的時機非常重要。在對方繁忙時拜訪會令對方措手不及陷入慌亂。而且，一開始要注意這種人的臉部表情。顯得消沈或打招呼也無言以對，令人覺得氣氛陰霾時最好放棄。

一般而言，下午兩點~四點比中午的狀況較佳，具有傾聽對方談話的寬裕感。

這種人非常重視氣氛。很容易對拜訪者的服裝或髮型產生反應。因此，前往拜訪時必須穿著整齊清潔。對坐談話時儘量坐在斜側的位置，遠比正面相視來得融洽。

不過，這種類型者在談論公事通常會岔離本題，因而必須及時言歸正傳。

6　現實家（積極行動非感情型）

鮮少產生經刺激而冷靜思考後再做反應的人。警戒心強的人接獲名片時會一再比對名片與對方的臉孔，敏銳地觀察，不做工作外的閒聊立即詢問來訪目的。

明白表示YES或NO，只要認為有賺頭，立即應允交易者的條件，一旦覺得無利可賺，則斷然拒絕。即使對方一再極力說明吸引，多半無濟於事。

想到就做一有好構想，希望立即付諸實踐。不過，凡事以自我為中心，若不順遂己意則不暢快。

討厭安居於室，而四處活動。不過，朋友不多也不會盲目花錢。嚴拒世俗的奉承。

面對這種人，以事實為訴求，遠比巧言例舉的說明更為重要。推銷時拿出商品說明書或資料，和其他商品做比較。這種人只要信服，即會表現積極性。在他的腦海中隨時會有具體的形象描繪，藉此與眼前的事物做對照。所以，與其以言語上說明，不如利用圖片或圖形較能獲得對方的理解。

同時，這種人公私劃分得極為清楚，討厭把公事帶回家。

最初五分鐘的商談，對這種人非常重要。在這五分鐘裡若對所談的內容不感興趣，即使再積極爭取也是枉然。

7　樂天派（消極行動非感情型）

不為未來的事情悶悶不樂，隨形勢而定的類型。乍看下顯得冷淡，甚至給人置若罔聞的感覺，其實通常會顧慮對方的感受再下決定。

不過，行動草率而發言不做深思，會有毀約或不承認諾言、取消承諾等情況發生。可說是這種類型者最大的缺點。慾望高凡事都想涉足，卻半途而廢一事無成。

天生是樂天派，言行舉止氣派瀟灑，不為眼前的事悶悶不樂。周遭者常為處理其善後或實踐其諾言煞費苦心。憑直覺行動又妄下決心，輕率的舉止，結果後悔不已。

這種人很容易落入對方的圈套。因乘興而造成無可挽回的事態。有時會購買並不需要的商品，或不顧慮資金任意投資經營。

因此，即使簽訂巨額的契約，也可能在一、二天後取消。所以，在交談時彼此必須確實做下記錄。有時可能必須由第三者介入商談或協調契約。

這種人通常在經營不佳的情況下，尚佯裝賺大錢的模樣。換言之，兩袖清風也要擺闊。

8　有氣無力型（積極非行動非感情型）

這種人難以捉摸其對生意買賣是否感興趣，而對目前的生活也缺乏企圖心。對工作本身不感興趣，甚至逃避的行為。服裝不整、房間零亂、商品亂成一堆，外表看來顯得寒酸、舉止言談令人感到有氣無力。

凡事委任他人的虛無主義者。即使積極地渴望洽談生意也難以觸發其興趣。同時，不明確表示ＹＥＳ或ＮＯ令人難以相處。毫無感動也毫無目的令人捉摸不出其內心所想。同時，顯得有氣無力，又有點自暴自棄，若委其重任則無法如期完成。在金錢的使用上，也是懶散隨便。通常是第二代、第三代的少東。對其他事物的興趣遠比工作濃厚。以這種類型為顧客時通常是其身邊的人，在交涉中做重大的決定。

不易受到旁人的信賴，生意買賣委任部屬處理。與這種類型進行交易時，必須在事後與該人的秘書或助手做最後確認。可能會有夜晚的交際應酬的邀約，如果凡事迎合對方，將會造成負面影響。

9　形式主義（消極非行動非感情型）

躲匿在自己的巢穴不願顯露自己的類型。凡事採形式主義只有工作上的交際往來，不做深入的交往，清楚劃分公私去採取行動。

態度冷淡沈默寡言，即使為其盡心努力也不表示歡愉。要建立融洽的交情頗費周章，交往一段時日後仍沒有親切感。顯得遲鈍，不會揣測對方的情緒或感情。

多半是生活隨便的人。既不在意煙蒂從煙灰缸上滾落，也不管時鐘已經誤點。這種類型的顧客，經常會忘記做承諾的約定或輕易地取消商談、契約。

外表看來似乎賣命地工作，其實多半是不無理強求的安全主義者，缺乏大幅改變方針的勇氣，陷於老套守舊。

與這種人接觸最好詢問前任負責人的意見，或同業的觀點從而認識其人品。

以上是以專業的角度，對人做了分類，並分析各種類型的心理、性格，事實上我們在現實生活中，多半會憑直覺地斷定對方，是「囉哩囉嗦的人」或「自尊心強的人」。

因此，以下我們藉由日常生活中的對話或面談所感到的各種不同類型，說明其內心的意念或相處之道。

10　陰沈的人

◇強詞奪理的人

喜歡搬弄道理做話題的人，通常討厭競技運動或缺乏興趣。滔滔不絕地爭論，直到自己信服為止。碰到他人搬弄道理時，忍不住也想用另一番道理給予反駁，但是，和強詞奪理的人講道理多半行不通。

因此，談話時最重要的是適可地認同對方所搬弄的道理，而把話題轉移。

強詞奪理者，最適合談論報紙上的新聞或經濟消息，但是，如果表示決定性的意見，多半會碰到對方所持的反調。即使對方再怎麼正確無誤也不表示贊同，是這種人的性格特徵之一。如果能巧妙地虛應對方，倒容易相處，但是，一旦有所差誤則事態不可收拾。

◇囉哩囉嗦的人

對細微瑣事嚴格挑剔多半是在日常生活中，對長輩或上司帶有不平不滿的人。這種人通常具有強烈的生存願望、欺善怕惡，內心渴望他人對自己的權威或地位、職位表示崇敬。

因此，獲得其信賴的捷徑，是表現對其權威、地位、能力極高評價的態度，並忠實嚴守其指示。起碼要遵守期限或約定的日子，不過，其所談的話題全繞著公事，若能以其他公司的情報或公司內的熱線新聞為話題，必能博得關注。喜好謠言或醜聞就是這種類型。

◇猜疑心強的人

對人帶著不信感通常是曾經有過不快的經驗，對人失去信心或屬於神經質性格的人，面對這種人過分的吹捧、奉承是危險的。

因為，他們認定所有的事物都另有隱情。因此，有時應該對對方表示批評，或說出對其不利的意見。諸如「事情果然如此，但這是錯誤的。」或「有關這一點雖然有它的好處卻也有其缺點存在。」在推銷商品時，不要一再吹捧自己商品的好處，也應略微表明不良的一面。以優點八、缺點二的比例來推銷，反而會緩和猜疑心強者的警戒心。

◇神經質的人

談話中不時在意周遭的景況，或把玩辦公桌上物品的神經質的人，最重要的是要顧及交談時的氣氛及談吐的方式。

首先沈穩地坐在椅子上。絕不可雙手抱胸或翹起二郎腿。雖然也可以遞一根香煙以緩和情緒，然而應該盡早說明來意，談話中不要夾雜其他的話題較具效果。神經質的人會敏感的察覺對方的臉色，或周遭的情況變化，因此，要帶著充滿自信的口吻，而對方應對之後必刻不容緩地把話題往下發展。應該避免曖昧不明的表現或讓對方有思考的空間，使其揣摩言詞裡的玄機。也必須明確地表示「是」或「不是」。

◇難以相處的人

有些人在對談中只是頻頻地附和而不表白心意。這種人有兩種類型：其一是性格內向、消極，對他人帶有過分的警戒心；其二是生理上厭惡對方，彼此匹配性不佳。面對生性帶有強烈警戒心、內向而消極的人，如果以對方的興趣為話題，或央求私交甚篤的人居中協調，或者對方非常熟悉的人物為話題，都可達到效果。

難以相處的人通常有各自的研究或興趣，如果能誘導出這些話題，可能會判若兩人地變得融洽。多半是沈迷於圍棋、書道、盆栽等興趣的人。

◇自卑感強的人

頻繁地鞠躬作揖或談話時手搭在嘴邊、強露笑容的人，通常是自卑感較強的人。有時為了避免暴露自己的缺點，刻意地讚美或奉承對方。

這類自卑感多半來自體型上的、才能上的、社會上的自卑感。而最令人恐怖的是體型上的自卑感。因而避免談論與身高、體重、頭髮相關的話題，以策安全。與自卑感強的人交談，要表現自己像個笨蛋，在宴會中率先裝瘋賣傻，表現小丑的模樣。

主動說出令人感到意外的事情，譬如「前幾天去泡泰國浴……」會令對方寬心不少。如果主動地表現比對方更低劣的行為，以拂卻其自卑感，也會令對方產生較為優越的心理狀態。

11　開朗的人

◇陰晴不定的人

心情好時萬事ＯＫ碰到不如意的事情會突然一反常態。通常在事後有違心之論。這種人天性懂得與人相處、樂善好施、帶有稚氣的人。一般而言，招架不住他人的吹捧，碰到請求，也難以說「不」的人。

「傷透腦筋啊，千萬拜託。」或「我真想聽聽你的意見。」以這種方式把對方的才能或興趣過度吹捧的要求，多半能產生效果。這種類型對於一邊用餐一邊交談的方式會感到喜悅。

◇圓滑的人

給人印象溫和、通達情理而圓滑的人，很難掌握其真正的性格。本以為對方充分瞭解自己的希求，結果多半會有極大的出入。

和這種人交談必須清楚劃分暫時性的話題及真正的主題，而回復到主題時必須有明確的轉換語。譬如，「談到今天的事情……」或「這是非常重要的事情……」，在言詞上明顯區分加以叮嚀，從對方而言是一件重要的事情。

另外，讓對方瞭解其發言的重要性也具有效果。譬如：「有關這一點，務必請求您的裁示。」

看對方笑臉盈盈以為已經瞭解自己所談的事情，結果卻吃了閉門羹，這一點可要特別的注意。

◇風流的人

在日常生活中帶著慾求不滿，或對異性特別關心的風流者有兩種類型：其一是明朗開放型，話題中常有性的字眼又大而化之的類型。這種人在談論公事時較能辨別事理。可以敞開心胸與之無所不談的人。

以沉著的態度應對性急的人

另一種人是陰沈型，平常不談論性事而晚上到了酒吧或俱樂部，卻又出現判若兩人的驚訝舉止。面對這種類型者應該注意日常的話題，同時要嚴守秘密。

有時在談吐方式上若不注重禮儀或向對方表示敬意會惹來嫌棄。必須準備白天和晚上完全不同的話題。

◇性急的人

性急者不僅本身的行動操之過急，也會要求他人行動的敏捷。與這種人相處會受其感染而不自覺地草率回答，結果蒙受損失。經常站立著交談或一邊工作一邊閒聊。

因此，與性急的人交談應該刻意地坐在椅子上，拿出筆記本，把談話中的要點做下記錄。即使不做筆記也要佯裝做筆記的樣子。如此一來，對方在應對上會較為小心謹慎，不再有輕率的回答。與性急者談話時相反地表現沉著冷靜的態度反而具有效果。

不過，如果態度過於冷靜恐怕會讓對方感到焦躁，加強浮躁感。

12　自我主張強的類型

◇頑固的人

難以改變自己既有觀念的頑固者，通常是對自己的地位、才能具有自信，或相反地帶有自卑感的人。面對這種性格的人，以對方引以為傲或平日具有自信的事為話題較具效果。

不論任何場合，對方的發言提出批判的意見都會造成負面效果，讓其暴露更明顯的頑固特徵，而不願改變自己的觀念。

最重要的是充分地讓對方發表意見，並適切與之隨聲附和。在對談的過程中，頻繁表示「果然不錯」或「誠如你所言」等適切的附和語。

談話中自己所表現的態度也非常重要，必須凝視著對方的眼睛專注聽其談話。如果東張西望會惹惱對方。

◇自我顯示慾強的人

自我顯示慾強的人坐在椅子上的方式或行動模式，和一般人有極大的不同。坐在椅子上會噗通地坐下身來並張開雙腳。

香煙多半使用洋煙或煙斗。這種人總渴望處於優勢。滿足於從對方傳達自己爲優越者。因此，即使在旁人眼中不足為奇的事情，卻是當事者引以為傲的事。

譬如，「小犬考上著名的私立中學」或「擔任PAT或鎮內協調會的會長」。這些事情都足以讓他感到滿足。所以，在談話中刻意地詢問該人渴望炫耀的事，乃是增加彼此親密感的關鍵。最好能注意寫在名片上的職稱或頭銜。同時也必須給對方充分發表的時間，儘量地充當忠實的聽衆。

◇自尊心強的人

對自己的職位、地位帶有自尊心的人，在其談吐方式及服裝搭配上，也會展露這種自負意識。談話中若有人呼叫自己「×經理」或「董事長」等附帶頭銜的稱號，遠比「×先生」更能獲得滿足。服裝上多半穿戴異於常人的服飾，只要儘早發覺，並給予讚美或以其身上穿戴的物品為話題即能奏效。

不過，「我也有類似的東西」這類的談吐方式會帶來負面影響。可能會因此傷害到對方的自尊心。年齡較大的人對自己的學歷以及以前的軍中生活帶著驕傲，這些人多半是屬於自尊心強的人。

明知故問，會騷動其自尊心令其感到愉快，這乃是人之常情。

◇立即動怒的人

經常動怒發牢騷者通常在工作以外也有不平不滿，屬於過度掛慮結果而性急的性格。討厭按步就班的準備、迂迴繞轉的說明。不論對或錯總希望依自己的構想去進行。

與這種人交談若想卯足勁給予說服必會失敗。最好拿出商品目錄或說明書，擺在其眼前來游說較具效果。

光憑談話是無法完美的說明一切。親眼看到商品或用手碰觸商品，再聽對方說明情緒上較為安定。不僅是聽藉由「看」才能獲得安全感。

不過，這種人本性較為豪爽，即使在應對進退上顯得粗里粗氣，事實上內心並沒有外在的粗暴。

13 令人搞不清楚的類型

◇懶散的人

態度不明、優柔寡斷的人通常是過於在意對方的感受顧慮，結果不知該如何判斷。與其說是處世謹慎毋寧是缺乏自我主張，才有這樣的表現。

因此，在談話的過程中提出各種不同的主題，反而會造成其慌亂。最好採取主動整理對方的情緒，把問題簡要為兩項的方法。

「你的想法簡單的說是……吧，如此一來有A和B兩種方法。」以這樣的方式明確地指出對方最在意在問題點，並提供明確的解決之道。如果漫無目的的隨著對方的談話而跟進，將會更形混亂。在對話中必須反覆對方的發言內容並做確認。

◇沈默寡言的人

交談中很難把話題展開的沈默寡言者，其原因多半是警戒心過強或過於內向，對自己談話、語調帶有自卑感等。

對這種性格者，故意說奉承話以博得歡心或談得太多都有危險。掌握主題配合對方的意見進行交談，或慢條斯理地說明、利用電話、文章傳達意見等手法較具效果。這時要注意：不要因對方沈默寡言而省略應有的說明。交給對方可以判斷的詳細資料，使其充分信服是獲得信賴的關鍵。

要讓沈默寡言者開口說話的秘訣，是偶爾保持沈默故意不開口說話。同時，也要留意避免坐在他正對面，選擇斜側的位置，不可目不轉睛地盯著他的臉孔。

◇不得要領的人

說出與自己所提的問題完全相反的事或偏離主題的人，通常是為了掩飾自己的真心本意。因為，雖然無法接受他人的請求，卻不敢明顯地用言詞表達出來。

碰到這種情況應主動地找出問題所在，想辦法瞭解對方的心意。不得要領的人希望以婉轉的表現，讓對方瞭解自己的心意。如果迅速掌握對方的心態，表示：「您說的對。您的意思是這樣吧……」如此反而會獲得對方的信賴，認為你是明辨事理的人。

◇冷靜的人

從談話的口吻可以掌握對方的目的何在，因而可以與其配合由自己主導話題的進行。

不會把感情表露在外隨時保持冷靜態度的人，面對自己有利的事，產生強烈的企圖心。換言之，這種類型在其外在的冷靜下，隨時會思考自己的利益得失。

與這種性格者交談時找出對方的願望或慾求，提供對其有益的話題極為重要。

譬如，如果知道對方沈迷於高爾夫，卻苦於球技不精時，可試著以高爾夫熟練法為話題。多數人若談到家人，尤其是孩子的話題情緒會突然變得緩和。

因此，態度的冷靜使人乍看下認為難以相處，其實若是生意買賣的對象，只要提出對其有利的事，通常會意外地一拍即合。

◇曖昧不明的人

談話中反應遲鈍仔細考量後再做回答的人，

面對曖昧不明者要以具體的建議達到談話的結果

即使有愉快或不如意的事情，也不會表露在臉上。多半會提出他人的意見，避免說出己見以曖昧不明的方式回答：「讓我思考之後再做回答。」

和這種人交談必須留意不要陷入對方的掌握或氣氛之中。而其回答有「等下一次吧」或「改天再說」等虛應搪塞的表現，因此，應主動提出具體的時間以等候對方確實的回答。想辦法讓曖昧不明的回答和具體的事物結合，乃是與這種人應對時切實必要的功夫。

這種人鮮少暴露真心，可說是商場對象中難以相處的類型之一。

◇缺乏主體性的人

被迫下決斷時會以他人的意見為意見的人，性格上多半屬於內向、不安定型的人，但是，一旦獲得其信賴會成為親密的知己。當對方猶豫不決而前來商量時，明確表現自己的意見，或代其介紹優秀的協商者，必會獲得對方的感謝。提供其同業間的情報，或以周遭者的風評為話題多半能獲得其信賴。

這種人通常專精於占卜術或易經的研究，如果在話題中提起姓氏判斷或印鑑吉凶等的話題，會意外受其歡迎。

這種人喜好穿鑿附會因而常會更換姓名或印鑑。

第三章

對方的心理如何表現

1 實業家的操心術

在政治界或財經界有不少眼力精銳的人士，以下介紹乃是其中一例。

一名服裝齊整的中年紳士，拿介紹函到某實業家的住所。該介紹函寫著：「此人值得信賴，請錄用為經理。」介紹人是鼎鼎大名的人物而那位中年紳士的人品似乎不差，於是當下決定試用一個月。

實業家在中年紳士上班的第一天將要下班時問他：

「您認為這個店怎麼樣？」

「店裡的A先生和B先生做得非常好。似乎很為公司賣命。」他堂而皇之地回答。

同樣地，第二天工作完畢後又做了報告。

「老闆您的經營真是無懈可擊。我從事多年經理的工作，沒有碰過訓練得這麼好的店。」第三天營業結束時經理又走到老闆的跟前，一副不滿的樣子說：「C先生和D先生似乎不太懂得待客之道。」

這位實業家聽到這番話後立即叫他不要再來上班了，斷然拒絕錄用他為經理。為何這位實業家把經理解雇了呢？

「第一天讚美工作夥伴，第二天奉承老闆。第三天則說自己不滿意的人的壞話。所以，第四天一定會為自己宣傳。」

這位實業家仔細揣摩中年男士三天裡的談話，拆穿其真面目。讚美他人、指責別人最後再誇獎自己乃是人通常具有的心理。

2　根據視線位置瞭解關心度

仔細觀察談話者的眼睛表情或視線，會有許多有趣的發現。如果留意初次見面者觀看自己的眼睛，可從中分出不同的類型。心懷好意或虎視眈眈、漠不關心等不同心理狀態，會使眼睛產生變化。其實眼睛比嘴巴更會說話。

◇視線朝下是怯弱的證明

一般而言，視線略為朝下或接觸對方的眼睛悄然地岔開視線，是認為在年齡上或社會地位上，對方位於高位或認定其為強悍之人時，因而在談話時多半會帶有一種緊張感。

在這種場合手、腳的動作或坐椅的方式，無形中會顯得彆扭，這種人多半是屬於溫和而內向的性格。

◇視線往左右岔開是拒絕的表示

眼神往左或右岔開，有時表示排斥的心理或無意識中不懷好感的象徵。譬如，男子向女子搭訕，而女子對該男子沒有好感甚至莫名地感到厭惡時，會自然地將視線往左或右岔開。

◇筆直的視線是敵對的表示

牢牢地盯住某一點而凝視不動的眼神，具有非常深刻的意義。受到嚴重的打擊或帶著強烈的敵對心理，會出現這樣的視線。

◇焦點不定是情緒不安定

精神混亂或失去安定感抑或心不在焉，會出現茫然呆滯的眼神。而對他人的談話毫不關心時也會出現這種眼神。

◇朝上的視線是自信的表現

談話時視線略為上揚的人，通常對自己的地位或能力充滿自信，性格也屬於外向而強悍的類型。政治家通常會表現這種視線。議員或公司高級主管等常見視線略為上揚的人。所從事的職業，必須領導他人或表現威壓的態度時，視線通常會朝上，而從事推銷或飯店等服務業無意識中視線會朝下。

◇觀察選手的眼睛而選擇代打的名教練

觀察對方的視線或眼部表情，可以洞察出是否具有衝勁或對自己所抱持的感情。以知人善任聞名的前鐵Lions的名教練三原脩先生在選擇代打時，據說會觀察選手的眼睛而做判斷。他不選擇被自己凝視而岔開視線的選手。他所選擇的，是凝視對方時也以堅定的眼神回視的選手。

3 從黑眼球的動向拆穿心理

與視線極為類似的是黑眼球的動向。看見感興趣或特別關心的景物，與看到討厭或毫不感興趣的景物時，黑眼球的神采出入甚大。根據美國心理學家艾克哈特・霍斯的實驗，發現男子看裸體照時，黑眼球的光輝比一般增強一八%。

據說女子看男子的裸體照或看嬰兒的照片，也會出現類似的反應。觀察初次見面者或顧客的眼神，而洞悉是否具有衝勁或買氣，從科學的角度而言已非莫須有之談。根據眼睛張開的程度與視線方向，可將眼睛表情分類為以下五種：

①眼睛的張合正常，不特別用力而視線朝向正前方——這是最自然的狀態。但是，根據口的表情，又有不同的判斷。緊閉雙唇是冷靜而注意力集中。微微張口則顯得有氣無力。

②眼睛依平常方式張開，視線略為上揚——雖處於恍惚狀，卻具有高等的慾望。目的意識模糊，因進退維谷而煩惱。尤其是雙手下垂無力，陷入恍惚狀態。

③大張眼睛閃閃發亮，比①眼球略微凸出，視線朝向正面——注意力集中的狀態，對對方非常關心而慾望也強。另一面也具有警戒心，若是女性通常帶有輕蔑的態度。

④眼球凸出眼皮緊繃，眨眼次數減少，視線朝向正面——高度的緊張狀態。帶有意外感、恐懼感。握緊拳頭或手搭在嘴邊，是心緒極為混亂的狀態，也帶有強烈的失望感。

⑤瞇起眼睛似乎要蓋上眼皮，視線朝向下方——注意力散漫或恍忽狀態。尤其是張開口而口唇無力時，具有高度的快感。女性與男性接吻時通常會有這種表情。

4 打電話的動作與對方的心理

電話中的肢體語言會暴露許多有趣的事實。『洞察人心術』的作者尼連巴克，對談電話時的表情特別注意，做了一番分析研究。

另外，美國的心理學家阿尼斯特•狄查，認為可根據電話中的動作，瞭解與他人相處的態度。換言之，根據在看不見對方的狀態下，如何與其談話表現何種動作?可獲知該人的個性或潛在慾望。各位不妨觀察前來拜訪的客人接電話的情景。

◇專注地傾聽對方談話時

一般而言，充分理解對方的立場並渴望瞭解對方的心意，在打電話時常會出現以下的肢體動作。

①緊握聽筒談話的姿勢自然地往前彎曲。

②臉上浮現笑容或彷彿對方近在眼前地向其磕頭，表現誇大的表情。

③緊緊將聽筒靠在耳邊。

④坐在椅子上談話。

尤其談話對象是異性時，會端正自己的領帶或撫弄頭髮，頻頻注意自己談話的動作與姿勢。而女性如果談電話時露出彷彿面對鏡子整裝的表情，通常對象是男友或心存好感的男性。無意識中自己的表情，會暴露渴望博得對方男性好感或被其喜愛的心態。

◇應付對方談話時

相反地，如果談話對象是不太有好感或感到排斥的人，雖然無意與其對談，卻禮貌性的附和時，肢體語言也會跟著改變。

這時以下的動作會出現在談話中。

①一邊打電話一邊信手塗鴉

談話中另有心事通常會胡亂塗鴉。

②站立談話

站立著談電話是有急事或不願意談論的時候。對對方帶有好感或渴望給予說服，慢慢交談時通常會坐在椅子上談話。

③聽筒遠離耳朵

對對方的話題不表關心，在無意識中會把聽筒拿開偏離耳朵。

◇談電話中產生某種心理變化時

用電話交談時如果有出乎意料的情況，或聽到對方說出令人不快或深受打擊的事，會突然地改變打電話的姿勢。譬如以下的動作。

①突然不再搖晃椅子

常見有人打電話時會頻繁地搖晃椅子，如果突然停止搖晃的動作，專注地聽電話的內容時，即是談話中出現非常重要問題的訊息。

②原本站立卻突然坐在椅子上

對對方的談話產生興趣或有好感時，或者感覺話題會拉長時，通常會出現這個動作。而談話的聲音語調也會產生變化。

③抽屜一開一合

電話交談中也經常看見將手搭在抽屜上的動作。這多半是另有心事或不知如何應對時，無意間所流露的動作。如果停止這個動作而突然站立起來，可能是渴望對做出結論或對自己的想法具有信心，希望能明確的傳達給對方的時候。

◇環視周遭地談話或竊竊私語時

在公共電話或職場中常見這些動作，如果神情自若不畏他人耳目地交談，談話對象通常是工作上往來的人或自己的家人。如果背著他人避免臉部被瞧見，多半是與不願他人知曉的對象談話。

而警戒心非常強的人有時不但背對著人，還會用手遮掩著聽筒。

如上所述電話中的肢體動作，會反映一個人無意識中的心理現象。

5　聽筒的握法和對方的心理

聽筒的握法也各有不同的習性。觀察打公共電話者的習性會發現許多有趣的事實。女性通常會用左手拿著聽筒，右手輕撫著聽筒上的電線。比較手拿聽筒的姿勢，可分成各種不同的類型。

聽筒可分成上中下三部份，你所觀察的人是握在那個部份呢？

◇握住聽筒的中間

一般人會握住聽筒的中間部份，讓聽筒與口、耳保持適當距離而交談。

不論男女採這種握法通常是處於安定的心理狀態，性格上具有順應力不會無理強求。擔任銀行員或秘書等工作者常見這種握法。電話中談吐方式顯得沉靜、屬於溫和的人品。

◇握住聽筒的下方

握住聽筒下方亦即送話口位置的人，通常是個性堅忍不拔，富有行動力。從事經常在吵雜場所打電話的職業，如新聞記者、證券員等常見這種類型。這也是一般具有男性化、行動

打電話時把玩電話線是依賴心的表現

力而富冒險心者的癖性。手掌大而有勁。

女性用這種方式握聽筒者自負甚強不讓鬚眉，爲女性實業家常見的握法。

◇握住聽筒的上方

這種握法以女性居多。帶有神經質喜歡獨自閱讀、傾聽音樂，而不愛譁衆取寵的人。男性若有這種握法多半是潔癖而鉅細靡遺的人。體格上屬於瘦削形。

◇握聽筒時伸直食指

有些人握聽筒時會伸直食指。這種握法通常是自尊心強、自我意識強、好惡明顯的人。討厭受人命令具有強烈的支配慾，隨時渴望向嶄新的事物挑戰的類型。

◇打電話時玩弄電話線

有不少女性會一手握電話筒一手把玩電話線。尤其是年輕女子常見這種動作，屬於浪漫主義的幻想家。不注意周遭的事物，只躲匿在自己幻想的世界裡。打公共電話時一講就是數個鐘頭，通常是這種類型。有時可能是渴望倚賴某人時。

◇輕握聽筒顯得有氣無力

多半是具有獨創性及唯美派的人。但是做事無法持久，是忽冷忽熱的類型。這種人在打公共電話時不會東聊西扯浪費時間。不過，打電話常做單向的溝通鮮少傾聽對方的談話。

6 接獲名片者的心理

◇明片的形狀會改變你的印象

對實業家而言在初次見面中與「臉孔」扮演著同樣角色的是名片。接獲他人的名片或遞出名片時，名片會傳達該人的性格顯示公司的特色。使用名片日益普及的今天，研究名片的

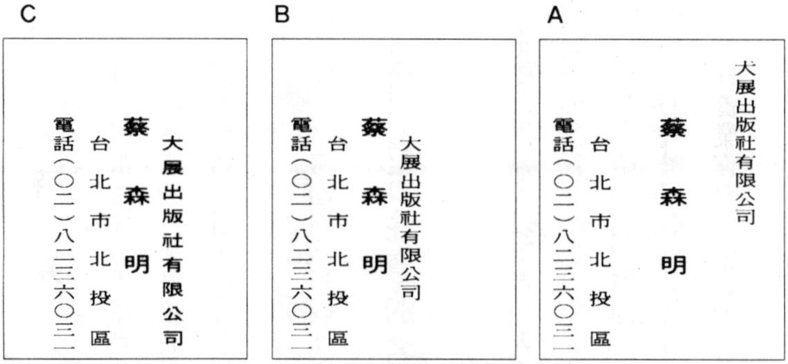

利用法，對生活周遭應該有極大的幫助。

誠如臉孔或手有不同的「相」，我們所擁有的日常物品也有其不同的「相」。

對於經常與顧客接觸的推銷員而言，自己的名片是影響初次見面第一印象的重要「關鍵」，同時也是宣傳自己最為有效的「道具」。

推銷是否順利成功幾乎決定於推銷員給人的第一印象，因而平時應對自己的名片下點功夫，若要給他人產生強烈印象，應該製作別具個性的名片。

但是，所謂顧客至上，推銷員的名片要避免產生威壓對方的氣勢，最好是在含蓄中又能吸引對方的設計。

假設你製作如圖所示ＡＢＣ三種名片。我們來分析初次見面時接獲你的名片的人，所獲得的第一印象如何。

接獲Ａ名片者，可能會把你當做一般的上班族。屬於常識型、道德家、平凡的人。也許會把你認定是交談也不見得有趣的人。這種名片對上班族而言，過於平凡而導致失敗。最好再下點功夫。

接獲B名片者，會感到驚訝。因為，這張名片和一般常見的上班族類型的名片大不相同。而且，這張名片令人感到含蓄地表示自己性格的內斂，給人容易相處具有女性柔感的印象。這是非常成功的上班族的名片。

接獲C名片者，會從名片上感受到你的積極性。發覺你強烈的個性。這種名片會產生極大的效果吧。但是，如果對方是屬於內向性格，恐怕會比A名片更為失敗。因為，對方會被你名片上所傳達的強烈個性所壓倒。

◇吸引對方注意的名片遞法

送遞名片的方式和名片本身的形狀同樣會改變對方的印象。投遞方式可能令人心動，也可能被人忽視。以筆者個人的經驗，一般人給名片的方式極為茫然。在遞名片給他人時，如果能一併自我介紹是「〇〇公司的〇〇〇」。必可引起對方注意。

交名片給他人的瞬間，一定要喚起對方的注意。必須讓對方儘早記起你的名字。即使眼前有桌子或辦公桌也不可將名片置於其上。因為，這張名片多半會塵封在桌墊下。讓對方接受名片的動作會加強心理上的印象。

◇名片被注意乃是產生好感的表示

接著來看對方接到名片時的態度。藉此可瞭解對方對你的印象如何。

一般有三種情況：

①用雙手接下名片，並確認名片上的姓名。

②將視線落在所接到的名片上，然後放進名片夾內。

③瞄一眼名片隨即放在桌上。

如①發出聲音確認名片上的姓名，乃是對遞名片者產生好感的證明，當天的交談必可順利進行。相反地，如③並不仔細看名片上的職稱，而隨意放在桌上便是對你毫不關心。非但如此，也可能向你表明「今天不想見你，回去吧！」的意思，枯坐板凳於事無補。

②的接受方式在商業社會中最為普遍的，屬於一種商業禮儀。雖然對遞名片者並沒有表示好感，卻也沒有不感興趣希望其儘早離去的心態。這乃是在既定的習慣下事務性地處理問題。

◇謹慎處理名片

接獲對方的名片後應該朗讀對方的姓名，確認其公司與職稱。任何人都渴望被呼叫其名，當自己的名字被喚起時，會突然地對對方產生親近感。同樣地，對方也會仔細地看我們所遞出的名片，並稱呼我們的名字來。

不論東西方在交際往來上，恩惠互施乃不變的真理。

因此，接獲他人名片時要仔細地端詳其中的內容，絕對不可輕易地放在桌上把玩，或不仔細檢視隨即丟進口袋裡。

7　誘導對方說真話的方法

根據表情、動作，以看穿對方心理的方法誠如前述，然而形形色色的人中，有些人面無表情令人難以捉摸。這種人最難以相處。碰到這樣的顧客，根本無法掌握其購買的意願如何。甚至商談過程中，令人以為有購買的慾望，而在商談結束後卻表示拒絕。也可能看似帶有好感，其實內心感到憎惡，或許話中另有玄機，表面上說「不」內心卻說「是」。

相信有不少人多麼渴望有面可以照射人心的映像管，以避免人際關係中的揣摩之苦。

專注地盯著眼前的商品把玩的顧客，到底是為了消磨時間或真的想購買？若要誘導顧客們的真心必須積極主動地出擊以判斷其反應，這時當然需要一點心理上的技巧。以下就為各位介紹認識他人之心、真心本意的心理秘訣：

◇買或不買

首先應用推銷術語所稱的「CLOSING」技巧。當商談中覺得進展不順或不淸楚對方是否有意購買時，可以開始收拾眼前的文件、目錄等物品放進自己的皮包內。沒有攜帶皮包時則準備拿起外套等衣物，這就是「CLOSING」。如果對方有意購買或對生意感興趣、原本沉默不語的人，會變得積極地挽留或改變談吐方式。如果原本不關心對推銷者打算離去的動作則毫無反應。

如果把商品擺在中間進行交談時，也可以故意悄悄地收回對方手上拿著的物品，或正在觀看的商品。對方會明顯地產生反應。人的心理非常奧妙，當一再地向其推薦極力游說時一點也不為所動，而當故意表示拒絕的態度反而會軟化下來。問題乃在於時機的掌握，當已經充分地說明完畢，對方卻沒有明確反應時，這套心理技巧極具效果。

有不少顧客當推銷員擺出多說無益，打算打道回府的態度時會感到慌張。如果內心渴望所推銷的商品，必定會表現依依不捨的神態。推銷的商談中CLOSING的技巧極具效果。

◇是否惹人嫌

人際往來中最難以掌握的，是揣摩對方是否對自己有好感或感到排斥？有否好感在反應上有某些不同。

譬如，面對著對方凝視，然後故意目不轉睛地盯著對方的眼睛談話。如果對方是異性而對你有好感，當你盯著她瞧時也不會岔開視線，一眨也不眨地凝視著你。在這個時候輕聲地說些甜言蜜語，會使她的眼神變得柔和。從眼睛可以瞭解女性的心理。

但是，推銷的場合不能如法泡製。該如何才能掌握對方具有「好感」的真心呢？

在對談中不妨故意拂逆對方的意見處處給予反駁。接連數次向對方表示「ＮＯ」，對方的態度必會急速地轉變。尤其是對方想要傳達自己的心意時，故意給予打斷而大聲地搶話說。在這個關頭對方會露出真心。如果對你不表好感，會抗議道：

「喂，你！先聽我說完吧！」

「和你這種人談話真討厭！」

如果是平常對你抱有好感、賞識你的人品的人，稍微讓他感到焦躁並不礙事。不過，如果當天心情不佳，或發生不如意的事，也會有不同的反應。

日本星期天早晨的「時事放談」節目是著名評論家的對談，收視率非常高，但細川隆元和藤原弘達兩位評論家有時也會鬧彆扭。當細川先生想要發表某些意見時，如果藤原先突然插一嘴，細川先生有時會不快地說：「喂，先聽我說完啊！」出現這種鏡頭便是細川先生心情不佳的時候。平常心情好時，即使藤原先生任意打岔也不引以為意。

◇對方是否有急事

聽對方不急不緩地說：「我們慢慢談吧！」而放下步調打算從長計議時，對方卻突然顯得坐立不安。該如何判斷對方是否有急事呢？對方的心理該如何掌握才得宜？

技巧是試著改變談話的速度。譬如：「我啊……其實……今天……」故意把話拉長地說，有急事者必會不耐煩地問：「你到底有什麼事？」

如果坐在椅子上則儘量舒坦地深坐。當對方有急事時會立即表態說：「其實我今天有急事。」或急忙地想站起身來。

所以，若要探討顧客是否有急事則故意表現慢條斯理的動作。譬如，拿起對方端出的茶慢慢品嘗，或把茶杯拿在手上悠哉地談話。

有急事者看見這些動作，會更為焦急而立即暴露真心。

◇同行的女子是否對自己有好感

假設和同公司的女同事出外用餐。若要知道對方是否對你有好感，可故意並肩而行。

有些女性會如圖A所示齊肩並行，而有些女性則如圖B所示，刻意地走在男性跟前偏向左側。也有如圖C所示，退後一步偏向右側行走的女性。這些現象到底傳達了什麼訊息呢？

女孩對自己有好感嗎？

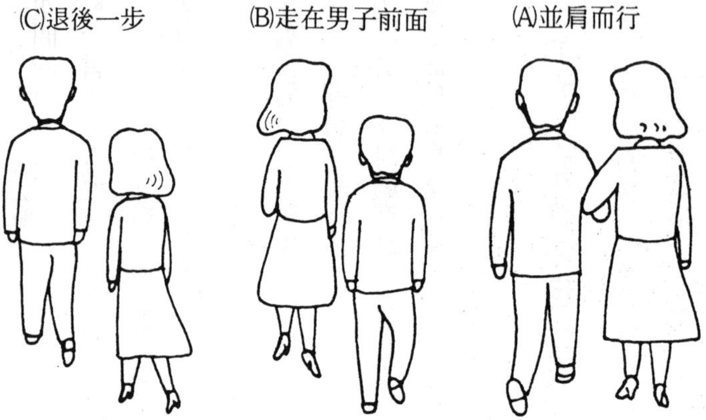

有一項以女高中生為對象所做的實驗與此非常類似，根據其研究結果如A所示，幾乎呈一直線並排而行的二人彼此間有好感，是無形中盼望對方表示好感的肢體語言。如果無意間超前對方而行，乃是「和隔壁的男性毫無關係」的無意識的傳達。

如果和你並肩而行的女性經常表現B的並排方式，即可斷定那位女性根本不把你看在眼裡。並排方式反映了潛在的「拒絕」心理。

相對地，如C所示後退一步而走的女性，雖然對對方並沒有好感或愛情，卻帶有極高的信賴感。或者是受對方人品的吸引，卻自認匹配不上的心理表態。

◇對你有排斥感嗎

每個人都有其「自我空間」。與人站著對

談時自己周遭一公尺四方，乃是屬於自己的心理空間。與人對談、打招呼或行禮時，都會遵守這個空間的距離。

一般而言，二人彼此鞠躬敬禮時，頭部不會碰觸的位置正好是個人的心理空間範圍，當他人略有闖入這個空間時會產生劇烈的排斥反應。因此，可以利用這種心理來探索對方的真心。談話中故意闖進對方所擁有一公尺四方的領域，換言之，談話時故意踏出腳去把彼此的距離縮小。

如果對方對你帶有排斥、拒絕的心態，會稍微往後退或表現不快的臉色，女孩若對談話對象有排斥感都會往後退一步。而男孩則會緊閉雙唇，以動作來表示內心的不快，或者突然做出再見的動作主動離開。

這裡所談的心理空間也有個別差異，首先應該瞭解對方，平常到底保持多少距離而談話的。

另一個方法是與對方並肩而立時，故意把手搭在其肩上勾肩搭背地交談。如果對方心存信任，又認為搭肩者的地位、能力比自己優越，平常即對其言聽計從，則會暫且忍耐。如果對該人感到排斥不願意受其命令時，會推開其靠近的手，反而渴望把自己的手搭在對方的肩上。

美國前總統雷根和日本前首相中曾根康弘對談之後，所拍下的紀念照就有這樣的姿勢。

看見這個姿勢中，曾根先生明白在心理上完全地受控於雷根。

◇渴望瞭解第三者的真心

除了要揣摩談話對象的真心外，在對談的過程中如何去瞭解在旁傾聽者的真心，也有各種的技巧應用。如何讓身邊的人感到不安、迷惘，而使其心理傾向我側的心理技巧，乃是日本自民黨幹部們經常使用的手段。

在宴會場二人竊竊私語。其所談的悄悄話其實並非二人間的秘密，而是故意做給旁邊的第三者看的。這兩人到底在談些什麼？不把我放在眼裡！這個疑慮會令第三者感到不安。事實上，這個悄悄話本來的目的，是為了掌握在旁觀察者的心理技巧。

8 測驗對方

以出版心理學叢書為主的法國雷業茲出版社，常有特異的活動。約在三年前發表了『最初的五分鐘』的心理學書而造成轟動。內容是採討在與人交往的最初五分鐘，從對方獲得何種印象並藉此去瞭解對方人品。該書首先介紹一個心理測驗，內容是「對方是扮演何種人際關係的類型？」藉此確認對方給人何種印象？是受人歡迎抑或惹人嫌惡的類型！

當事者並無法察覺與人交往之際會呈現何種態度，因而可能在無意間做出令人厭惡的言行舉止。也許當事者的性格，隱藏著難以與人協調相處的因素。

人有各種類型，而常見的是過於深思熟慮而內向，結果造成與人格格不入。這些人不僅面對初次見面者，連對周遭的人也表現極為謙遜、顧慮。內向的行止蒙受不少損失。

譬如，與人交談時對方聲音太小聽不清楚。這時告訴對方：「可不可以說大聲一點？」聽到這句話對方會有各種不同的反應。有些人立即抬高音調並詢問對方是否聽得見，而有些人則表示抱歉。甚至有人自信滿滿地說：「我就是這副調調。我根本無法和人談得來。」

那麼，我們試著做以下的測驗：

譬如，你穿上一套新西裝出現，對這套西裝自己也覺得有點矯柔做作不太合適。於是詢求他人的意見如何？那麼被詢問者有何反應呢？

A、適當地顧慮你的感受而表示讚美，因為他認為每個人都喜歡受人讚美。

B、沉默不語而面帶微笑，一副不知該如何作答的樣子。

C、說出實情。這種人認為雖然在這種場合應該說奉承話，卻認為這是不應該的。

D、思索何以會穿這樣的服裝，再迂迴地表示自己的意見。

＜解說＞

我們來分析這個測驗中的答案。這四個答案表現了人際關係中待人的基本態度。

如A輕易地「讚美」他人，是以對方為中心的思考模式，凡事不拂逆他人的類型，然而卻無法真正地走進對方的世界。表面上彼此相處得宜，在緊要關頭卻難以理解對方。

B是所謂的「內向型」，過於消極而無法與他人融洽相處。凡事愛鑽牛角尖無法建立良好的人際關係。

如C對他人說出實情顯得帥氣而明事理，似乎是人人喜歡的對象。不過，有些人會喜歡其積極的態度，有些人卻感到厭惡。

D是極為冷靜又客觀的類型，由於凡事都以客觀的角度來分析，恐怕是傷害對方感情的原因。這是清楚地劃分自己和他人世界的人。

這四種答案的類型，應該是理解在人際關係中發生齟齬，而可能暴露出各種傾向的關鍵。

第四章
觀臉測心術

1 朝右或左

與初次見面者面對面交談時，仔細分析其臉部表情，乃是掌握對方人品及當時心理狀態的參考。有些人會經常露出自己的右側臉，有些人則擺出左側臉。即使正對面地談話，有人會稍微把臉下垂，而有些人則略微上揚。

這些表情和個人的性格、職業及其社會地位有密切的關係。美國的心理學家曾經以十九世紀到二十世紀活躍於畫壇的畫家肖像為對象，調查臉部的朝向。

據說描繪左側臉的畫家居多，不過，像梵谷等行止特異的畫家，有時會描繪右側臉。而擺出左側臉的照片高居一三％。

財經界人士以正面對人的傾向居多。較少有人擺出右側臉，這些都是性格強烈又特殊的類型，擁有一般人所缺乏的能力。具備行動力又具領導者資質的人。

仔細分析，正向的臉孔照中還有縮起下巴、臉部朝下者及上揚的人，越是充滿自信具有強烈顯示慾者，無形中會抬起臉孔。

因此，擺出右側臉又略微上揚者自尊心強，富有菁英意識，對自己的經濟能力、社會地位感到驕傲。同時，工作進展順利，深獲周遭人的信賴。

露出左側臉而略微下沉者，個性溫和對他人有體貼心、同情心，態度謙虛容易溝通。

如果是露出左側臉而上揚者，極渴望展現自己好的一面，表面上似乎通情達理，其實在關鍵時刻，反而會封閉自己。這種人是難以相處商談的對象。

露出右側臉略微下沉時，是精神上處於低潮或極度不安的狀態，在人際關係中，可能會勉強貫徹自己的意圖而感到焦躁。

人的表情很容易反映當時的心態變化。

希特勒的人頭照常見擺出右側的臉孔。但是，整體略微下沉可見性格極為神經質。而美國前總統甘迺迪則常見朝上的肖像。

演藝圈人士或電視明星，有多數人習慣擺出左側臉，左側臉似乎能博得好印象。身為領導者或從事指導他人的職業與人交談時，擺出右側臉而略微上揚可能較具效果。

2　根據下巴形狀做判斷

據說下巴部份是表示個人中年以後的運勢。同時也是掌握中年以後所暴露的性格、素質，將來性的線索。一般而言，下巴堅挺者較具叛逆性而耐力十足。如果將下巴的形狀大致可以分成四類，其性格如下所述。

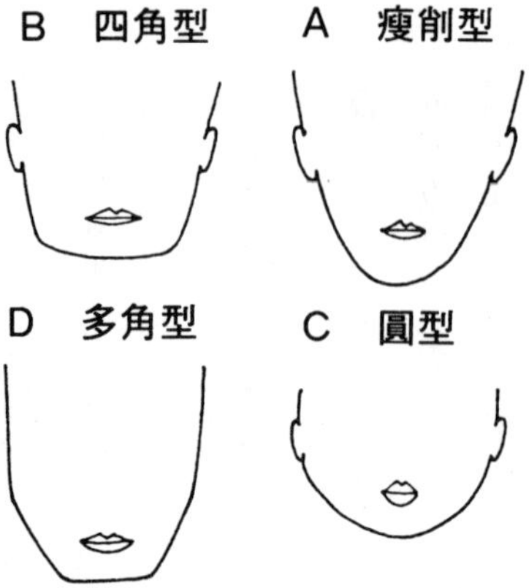

◇A＝瘦削型

瘦削的下巴從事符合興趣、個性的工作或職業可以成功。而缺點是無法從低潮中振作起來。也可能是從事技術性工作而獲得肯定的人。尤其最適合設計、廣告相關的行業。女性則以手藝、料理活躍人生舞台。

◇B＝四角型

這種下巴的人不畏失敗。優點是耐力十足。談起戀愛也是轟轟烈烈。同時，可以身為領導者掌握主導權。實力獲得認可而從事嶄新的工作。對工作尤其熱心。

◇C＝圓型

具有圓感呈半月狀下巴的人，最重要的是要長久持續同一件工作。如此一來必可成功。有時也會因他人的援助而掌握幸福人生。工作除了與人交際的推銷業之外，也適合營業的工作。是受到上司、長輩倚賴的類型。

◇D＝多角型

腮幫子發達的下巴，是二十年代後半到三十年代有機會來臨的記號。也可能有異性的建議或激勵。適合營業員的類型。不過，手腕高明容易受到旁人的注目而產生競敵。

3　根據嘴巴大小做判斷

分析整體臉孔與嘴巴大小的平衡也可以掌握個人的性格。依下面的方式，根據嘴與眼、鼻的部位之間的關連做判斷。

首先，從黑眼球的部位和眼睛內側畫下一條直線。這時嘴巴的橫幅位於線上的那個位置？是否屬於以下四種類型中的一種？這就是根據口的大小調查性格的方式。

◇A＝位於黑眼球線上偏內側（A和B之間）

這種類型者富有時髦與清潔感。對生活抱有遠大夢想嚮往摩登的事物。而其缺點是體力不足，若是女性是最女人化的理想臉孔。不可思議的是這種類型以戀愛而結婚的可能性居高。在婚姻生活中不喜歡大膽的性生活。

A

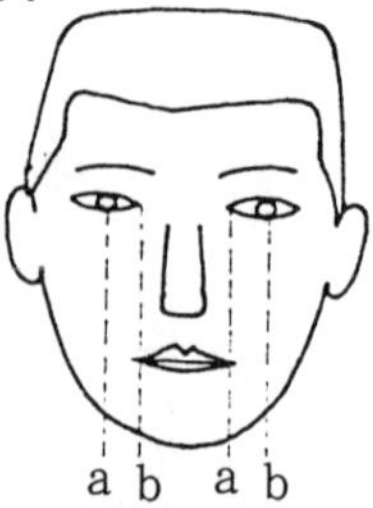

a＝黑眼球的線
b＝眼睛內側的線

B

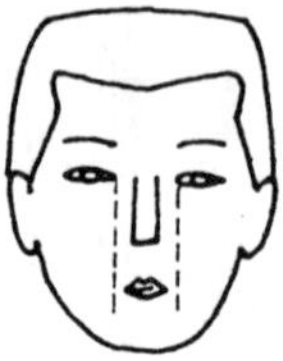

C

D

◇B＝位於眼角線內的人

這種類型帶有神經質經常悶悶不樂，不過重視義理人情的性格會獲得旁人的信賴。如果能注意輕易受朋友影響的缺點，隨著年紀的增長可以發揮實力。愛情細膩，爲喜愛的人奉獻自己。

◇C＝位於黑眼線上的人

這種類型具有順應性，忠誠實踐被交代的工作，富家庭觀念凡事都能處理妥當。雖然具有計畫性卻過於吹毛求疵。最適合從事會計師、律師等運用腦力的工作。

◇D＝超出黑眼線上的人

非常外向的個性。年紀越大人生的歷練越廣。主動參與有興趣的競技運動。年輕時代開始鍛鍊可能成為優秀的運動選手。凡事積極而重視實涵，不是滔滔辯才，具有體貼之心。

4 根據耳朵形狀做判斷

耳朵是瞭解個人運勢的重要關鍵，公認為全身的反映，因而渴望儘早掌握對方人品時，只要仔細端詳其耳朵即可一目了然。

如圖所示將耳朵分成三等分。

A的部份代表知性、判斷力。這個部份外張成A的耳狀，通常是頭腦靈敏的人。只不過光有思考而缺乏行動力。

B的部份表示該人的人際關係、情感動向。若呈B的耳型這個部份寬廣的人，具有體貼心會注意與人相處的態度。雖然感情脆弱卻有易冷易熱的一面。

C的部份表示體力、行動力。呈C耳狀顯得渾圓的耳型充滿著體力，也富有行動性。喜好到處活動無法靜候。

再看這三個部份的均衡感。

耳朵越小表示內向而神經的氣質。越大是表示外向及運勢的強旺。

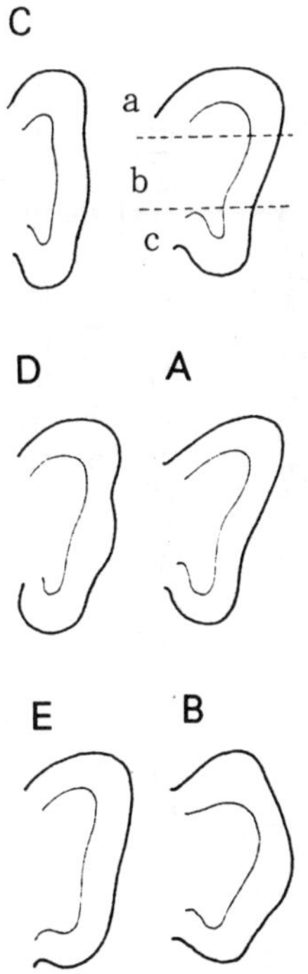

D的耳型是所謂的福相之一。上方隆起下方也發達。理性與行動力恰到好處，具有指導能力者。公司的主腦人物常見這種耳型。

E也是耳型極為均衡，具有強烈適應力的人。

5　根據眉毛做判斷

◇根據眉毛長度做判斷

眉毛是瞭解個人感情表現、對人感情、男性度的關鍵。我們分析其和眼的寬幅比較下，眉毛是呈A狀幾乎等齊，或如B所示比眼睛寬幅較長，或如C所示比眼睛寬幅較短。

A是最普遍的類型，具有順應性能控制感情。縱然有不快的事情，也會強制忍耐的安全人。

B是充滿著男性氣概，富有行動力的強悍類型。因此，表現愛情非常明確，斷然地對自己討厭的事情說「不」。

C是感情的表現法不一，曖昧不明。給人不清楚其內心所思的印象。一般是溫和的內向型。態度內斂，如果碰到不如意的事情很容易隱藏在心底。

眉毛的位置

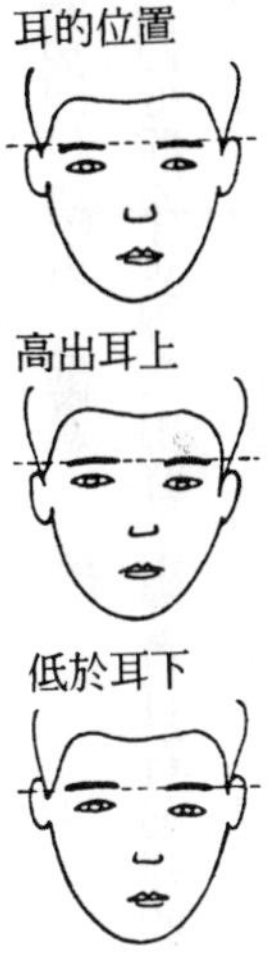

眉毛的形狀

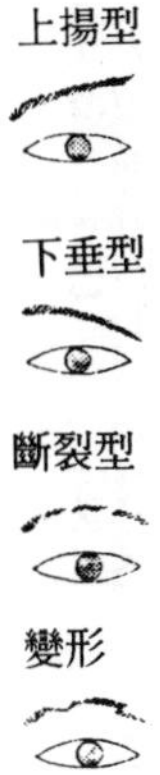

眉毛的長度

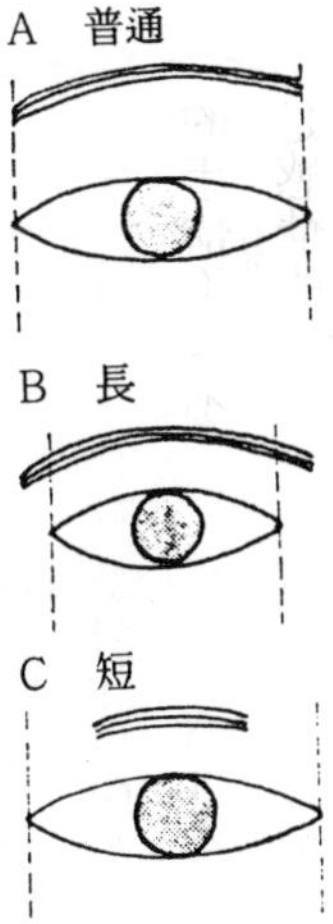

◇根據眉毛形狀做判斷

仔細觀察眉毛的形狀有各種類型。上揚型的人性格頑強，主張自我的幹才。自我顯示慾強屬於領導者，討厭受人指使命令。

下垂型的眉毛屬於以對方為本位容易妥協的性格。也會充分顧慮周遭的狀況再採取行止的慎重派。

眉毛斷裂者感情或情緒有高有低。發起怒來難以抑止常因人際關係吃盡苦頭。變型眉毛者個性頑固對人的好惡非常明顯，容易倚賴特定的人。討厭受形式的束縛。

◇根據眉毛位置做判斷

觀察眉毛的水平線和耳朵的位置。一般眉毛水平線和耳朵最上方的位置等齊。

如果眉毛的水平線低於耳上的線，是屬於努力開拓運勢的步步為營者。雖然不引人注目卻能朝向目標努力前進。

眉毛的水平線高出耳上線者具有強旺的人運，受到周遭者的信賴與協助的幸運兒。其高貴的氣質無形中受到旁人的信賴並掌握運勢。

6 根據眉毛之間的皺紋做判斷

大致區分眉毛間的皺紋可以分成如圖示的四種類型。

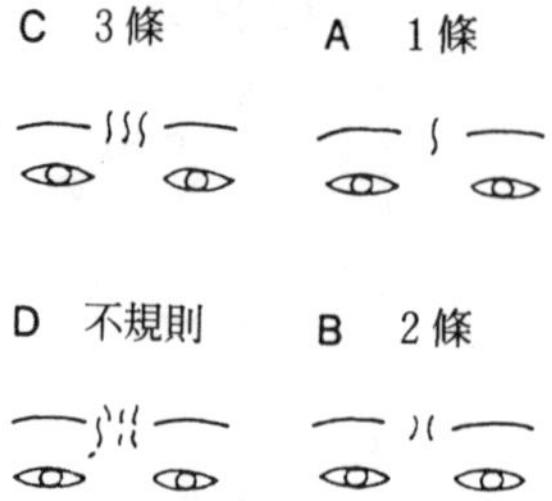

◇A＝深而清晰的一條皺紋

有這種皺紋的男性具有行動、決斷力，卻帶有一點頑固。常見體型略微肥胖、臉頰骨、肌肉豐碩者。對金錢具有潔癖，公認有點吝嗇。

對推銷員而言，這種人是最難以相處的對象。

具有這種皺紋的人，有邱吉爾、日本前首相吉田茂、赫魯雪夫等，有趣的是這些人的體型也非常類似。如果和這種人打成一片，將變成最值得信賴、足以寄託的人。

◇B＝兩條皺紋

夢想與現實能充分協調的類型。懷抱遠大夢想而不滿現狀。能認真思考如何去實現夢想，具有旺盛的研究心。

不過，缺點是觀念、行動過於大膽，又有嬌柔做作的一面，菁英意識比一般人強。擅長聚集同伴成立社團或組織聯誼會，但是，希望成為領導者否則會鬧彆扭。

與這種人相處必須敬重其權威與才能。如果公司的經營者屬於這種類型，多半會參加扶輪社或獅子會等著名人士的團體。

◇C＝三條皺紋

三條皺紋規則性地並排的人通常具有藝術家的氣質，嚮往神秘的宗教家也常見這種皺紋。全心投入某件事認真而專注，但感到不稱意時會立即暴露感情。乍看下顯得忠厚老實，其實內心與外在的表現有極大出入。

◇D＝四條以上不規則皺紋

眉間有許多不規則縱紋的人，一般而言具有神經質，心情起伏不定。浮躁不安、感情起伏激烈也是其特色。具有易冷易熱的一面。這種紋相在女性的臉孔中常見。

這種類型中也有略帶神經衰弱、神經極為疲勞的人。談吐方式有其特徵，通常會採取具有變化的談吐，有時聲如洪鐘而有時則細小如蚊。即使是一旦下定決心的事也會在二、三天後改變。但是，個性非常溫柔，無法斷然向他人表示拒絕。

7 根據眼皮做判斷

所謂眼睛是靈魂之窗。它不僅能反映人的心理狀態也會呈現身體的狀況。「眼睛」是給人第一印象的重要關鍵。

古來認定不論男女可從其雙眼窺視是否有風流之念，而眼睛也會傳達對性的關心度。據說雙眼溫潤者在性方面極為熱情，而外眼皮部份也是最能反映性的部份。甚至有人認為從眼皮可以一眼洞穿性能力是否衰弱。

觀察眼皮的形狀，可從中瞭解男性度或愛情的誠實度。

有些人是雙眼皮，有些人是單眼皮。有趣的是也有不少左右眼皮一單一雙不對稱。

◇A＝雙眼都是雙眼皮者

性格開朗深獲同性、異性的喜歡。在職場或社團中成為人緣焦點者，通常是這種類型。

在以人氣、顧客為賣點的商業活動中可獲得成功，但對人的好惡明顯，恐怕會造成人際往來失之偏頗。誠實、家庭生活美滿。

◇B＝左右不對稱的眼皮（單眼皮和雙眼皮）

鮮少暴露自己的真心。在工作或私交上常有不滿，愛發牢騷。婚後對妻子常有慾求不滿，因某些機緣而出外風流也是這種眼相者。一名女子無法使其獲得性滿足。

通常是追求變化、刺激的所謂「花花公子」型。在性方面不專一。不過，對性所湧現的熱情，會影響到工作的幹勁。

◇C＝雙眼都是單眼皮者

多半是樸實而內向的人。經常躲匿在自己的象牙塔內。意志堅決、按步紮實地努力的類型。在戀愛或其他方面不會有令人訝異的行止，但這種類型者在職場、家庭內表現保守、奉獻的態度，發揮專業知識而出人頭地。

神經非常細膩，極注重對方的感受。

這種人如果在外拈花惹草必露馬腳。

◇D＝左或右的上眼皮極端下垂者

下垂眼的變型，左或右的眼皮呈下垂狀的人。這種人難以掌握其真正的意圖，生活上常有變化，過著起伏不定的人生。

對女性而言，具有令人信賴的神奇魅力。在性或金錢方面，可以充分令自己所愛的女性感到滿足。

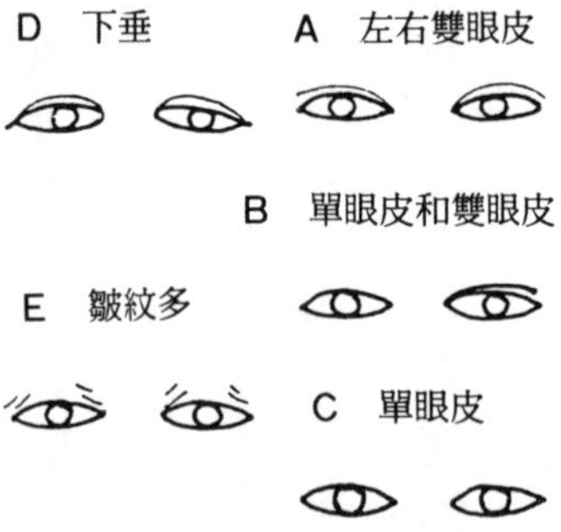

E＝有多數不規則的皺紋

不是單眼皮也不是雙眼皮，眼皮上有許多短而紊亂的皺紋。這種人討厭形式的束縛，隨時追求個人的自由。具有卓越的唯美品味，對異性表現奉獻的態度。

性能力強，這種類型者如果黑眼球大，會把性方面的熱情轉移到工作上。

8　根據法令的形狀做判斷

經營不動產或期貨業的高手，在人相上也有不同於一般人的特徵。臉孔整體的形狀有其共通的特色。最明顯的是鼻型，自古認為鼻子是表示財運的強弱。鼻小的人鮮少在股票或不動產業上獲利。

而和鼻型同樣重要的，是從鼻兩側延伸而出的皺紋，這個皺紋稱為「法令」。三十歲以後並沒有清楚的法令，通常無法掌握財運、商運。法令可說是個人努力的指標。

◇A＝大而廣的法令

擁有一般人想像不到的夢想，必會燃起鬥志為實踐夢想而奮鬥。也是非常渴望獲得精神上與社會地位慾望的滿足者。

而這種人具有使現實與夢想充分協調的能力。具備選擇他人的構想與企業相結合，或拓展財路的才幹，應充分地發揮這方面的長才。

◇B＝長的法令

「法令是什麼？」

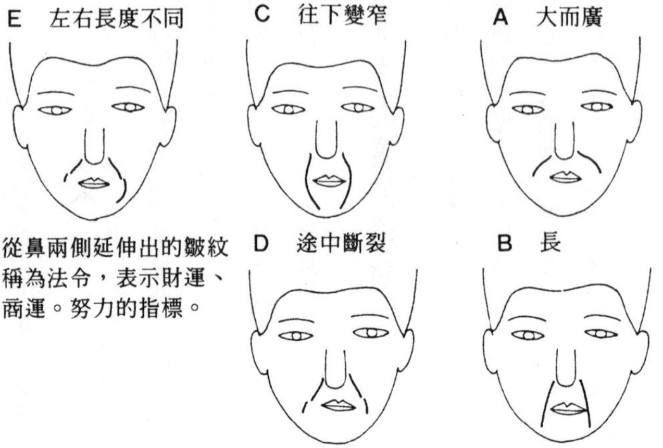

從鼻兩側延伸出的皺紋稱為法令，表示財運、商運。努力的指標。

這種人不喜歡小額營利。平凡的事物無法獲得滿足，是追求更大更多的利益者，對金錢有非常細緻的判斷力，可以做冷靜的分析，懂得理財絕不浪費。

◇C＝往下方變窄的法令

這種人對錢財毫無概念。從好的方面來看是不迷戀錢財。

有時身懷巨款有時則空空如也。可能會因幸運的投機或投資而一夜成巨富，也可能不幸的導致一貧如洗。

D＝途中斷裂的法令

對於個人的地位、名譽抱有強烈願望，遠勝於金錢上的慾求，因而愛慕虛榮或奢侈浪費。不僅是個人的錢財，有時也會以交際費的名目，動用家人或公司的金錢。

這種人應該注意的是不必太在意外在的虛榮或傳聞，試著發揮吝嗇的精神。

E＝左右長度不同的法令

這種人即使醉心於賺錢，內心也潛伏著追求精神滿足的願望。擁有崇高的理想，希望一點一滴地實現自己的夢想。同時，富有獨創力與創見，經常有一般人想像不到的構思。

不過，常有偏離事實的觀念，因而會在意於意外為人所騙或招受損失，這一點請務必注意。

◇「Face Reading」

人與人碰面最受矚目的是對方的臉孔，如果具備對臉孔的分析知識，必會改變對他人的關心。養成注意觀察臉上各部位的習慣，將會使平日的人際往來更為有趣。目前世面上極為流行根據血型作性格診斷，然而這種診斷法的缺點必須詢問對方的血型。一碰面就做這樣的質問會令人感到不快。

但是，人相卻可一眼做判斷，把初次見面者人相的特徵記錄在所接到的名片裡側。事後可根據名片上的記錄，做為揣測該人物的線索，藉此使記憶更為清晰。即使光憑一張名片無法留下印象的人，只要記錄其人相的特徵即可加強印象。這也可以變成分析那一種臉孔與自己的匹配性好，或自己不擅長與那一種臉型的人交往的參考。與自己性格合得來的人今後更有自信與之交往，若是匹配性不佳的人，可藉由掌握彼此性格合不來的原因，構想改變彼此交往的方式。

在分析各種臉型的人中，必會發現與自己合得來的人有些許共通之處。因此必定會獲得以與某些人接觸之法去掌握人心的暗示。人相術並不只是命運判斷的材料。

第五章

從日常生活的智慧看穿對方

1 從聲音瞭解對方的心理與性格

「聲音」給對方留下強烈的第一印象。有些人的聲音輕緩柔和；有些人的聲音帶有沉著威壓感。人往往藉由聲音所獲得的印象去判斷人。

聲音的確會表現性格、人品，有時也是預測個人前途的線索。前述的『最初的五分鐘』這本書中也有「聲音」的項目，仔細說明最初的面談中，聲音所扮演的重要角色。從臉部表情、動作、言詞用語而無法掌握的心態，多半可從聲調去揣摩其快樂、悲傷、不快等情緒變化。

現在，根據下面的特徵來分析聲音：

1. 聲音的高低（尖銳聲或沉重聲）。
2. 聲音的大小（大聲或小聲）。
3. 聲音的韻律（韻律感的聲音或單調的聲音）。

◇聲音的高低＝緊張度

高昂的聲音中如果尖銳響亮，通常是無法抑止自己的感情而憤怒的時候。同時也是感到緊張或與重要人物會晤時，無形中所流露的聲音。顧客發出這種聲音時要特別留意。

相對地，情緒平和或安篤，覺得對方的身分比自己低時，音調會放低而帶有沉重感。同時，對方充分理解自己所說的話時，語調也會漸漸變沉變低。換言之，聲音語調的高低是判斷對方緊張感的關鍵。

◇聲音的大小＝性格

聲音的大小和個人的性格有密切的關係，大聲怒吼通常是支配慾強，單向貫徹自己的概念，以自我為本位。同時也是好好先生很容易受人吹捧。不過，小時染患耳疾或重聽者也會大聲說話，這一點可要分辨清楚。

聲音小者，有些是支氣管或心臟較脆弱的人，而性格極為內向或壓抑自己的感情時聲音通常會變小。與初次見面者或面對自己並不感興趣的人，說話的聲音也會變小。因此，對聲音小的人執拗不休地推銷多半是徒勞無功。

◇聲音的韻律＝感情

聲音顯得單調而沒有抑揚頓挫的韻律時，通常是對對方帶著冷淡的感情，或不想與之打成一片。精神上處於不安時聲音也會變得單調。覺得無聊或懶得回答時聲音會漸漸失去韻律感。被電視採訪員訪問的人通常也是這種聲音。

而具有韻律感顯得生氣蓬勃的聲音，是與朋友交談或對對方帶有親近感時，所發出的聲音。在購買想要的東西時，聲音自然會流露出韻律感。

◇帶給對方好感的聲音

不論在任何場合聽到聲音而覺得好感的，是談話中隨時保持微笑的聲音。如果你對自己的聲音感到不滿，而希望博得他人好感時，不妨試試帶著淺淺的微笑談話。微笑時的聲音會自然而然的帶有生氣蓬勃的韻律，高低適中、音質感人使人留下美好的印象。

電視廣告中大多數的播音員或廣告明星，帶著一臉笑容露出雪白的牙齒，告訴視聽者們所廣告的內容，這也是為了博得觀衆的好感，養成微笑而發聲的習慣，自然就能以帶有好感的聲音與對方交談。

「微笑」不僅能緩和製造聲音的聲帶，也能使臉孔整體的表情柔和。這時所發出的聲音會給對方留下好印象。仔細調查外型並不突出的女性，能獲得男性喜愛的人，發現其「聲音」扮演著極重要的角色。這些人在談話中都面帶微笑。

聲音也有天生的癖性，通常會反映個人的特色。從談吐方式或聲音的類型，可以瞭解性格或人品。

2　根據聲音做性格診斷

◇高亢尖銳的聲音

發出這種聲音的女性情緒起伏不定，對人的好惡感也極為明顯。如果沉迷於某一件事上則顧不得其他而燃現積極的熱情。不過，通常會因一點小事而傷感情或勃然大怒。這種顧客會輕易說出與說過的話完全不同的事，並不引以為意。

聲音高亢者一般帶有神經質，對環境有敏感的反應，如房間變更或改變床鋪則睡不著覺。富有創意與幻想力，美感極佳而不服輸討厭向人低頭。說起話來滔滔不絕常向他入灌輸己見。面對這種人不要給予反駁，表現謙虛的態度即可使其深感滿足。

男性中發出高亢尖銳的聲音者，個性狂熱容易興奮也容易疲倦。對女性會有一見鍾情或貿然地表白自己心意而令對方大吃一驚。

高亢聲音的男性從年輕時代開始即擅長發揮個性而掌握成功之運，這也是其特徵之一。

◇溫和沉穩的聲音

音質柔和而小的女性屬於內斂的內向性格，隨時顧及周遭的情況而壓抑自己的感情。同時也渴望表達自己的觀念，因而應儘量讓其抒發。

這種人具有同情心，不會坐視受困者於不顧。

當事者有意發出大聲說話，然後卻自然地變小顯得可愛的一面。這種人會按步就班，努力朝自己的目標前進，屬於慢條斯理型。上午顯得有氣無力，下午頓時變得活潑也是其特徵。

男性帶有溫和沉著聲音者乍看下顯得老實，其實有其頑固的一面，固執己見絕不妥協，不會討好別人，也絕不受他人意見所影響的頑強者。

這種人做為商談的對象剛開始難以相處，但這種顧客卻是忠實牢靠的人。

這種人對異性的好惡也極為明顯，尤其會有令人意外的行止。剛開始表現溫柔的態度，在交往過程中突然表現冷淡而令對方悲傷不已。

◇沙啞聲

女性發出沙啞聲通常較具個性，即使外表顯得柔弱也具有強烈的性格。雖然對待任何人都親切有禮，卻難以暴露自己的真心。隨時掩飾自己，不論男女都令人有難以捉摸之感。雖然可能與同性間意見不合，甚至受人排擠，卻獲得異性的歡迎。服裝的品味極佳，也具有音樂、繪畫的才能，面對這種類型的顧客，必須注意不要強迫灌輸自己的觀念。

男性帶有沙啞聲者，是耐力十足又富行動力的人，即使一般人裹足不前的事，也會卯足勁往前衝。缺點是以為商談已成功而掉以輕心。

具有這種聲質者，聲大如鐘有如田中角榮型的人，會憑個人的力量拓展勢力。在公司團體裡率頭領先引導衆人。越失敗越會從中燃起鬥志，全力以赴。屢見成功的政治家、文學家、評論家爲這種聲質者。

◇粗而沉的聲音

發出沉重的聲音有如腹腔而出的人，不論男女都具社交性。樂善好施具領導者的性格，受到衆人所愛戴的職場內的人緣者。運動萬能，喜好四處活動而不願靜候家中，隨年紀的增長體型可能會變成肥胖。

女性有這種聲音者在同性間是人緣的焦點，受到倚賴而成為大家商量的對象。這種人是最好相處的顧客，喜愛推銷員或店員們的吹捧奉承。

男性通常會開拓政治家或實業家的生涯，不過，感情脆弱又富強烈正義感，爭吵或毅然決然的舉止造成日後懊悔不已，比較乾脆地購買高價商品也是這種類型。

不論男女交友廣泛，和各式各樣的人往來。

宏亮的聲音將來必有大成

◇口若懸河滔滔不絕

有些人說起話來像是連珠砲似的滔滔不絕。日本明星中堪稱辯才有黑柳徹子女士等人。這種女性的性格非常靈巧，有順應任何環境的適應力。不過，也有疏忽的一面，可能做出違背本意的事。

一般而言，屬於樂天派不會悶悶不樂或鑽牛角尖。

多半擁有兩個以上的興趣或具備語言、繪畫的才幹。個性善艮無法拒絕他人的請求。

若是口若懸河的男人有時不會接納他人的意見，過於主張自我而惹來嫌棄。即使自認為好的事多半是旁人感到厭惡的事。這種人的第一印象雖不佳，卻在交往一段時間後慢慢化解彼此間的誤解，而發現其個人的品味。這種人也很容易受異性的誤解。

◇嬌滴滴而黏膩的聲音

女性發出帶點鼻音而黏膩感的聲音，通常是極端渴望受到衆人喜愛的人。十足的社交家，縱然有所不快也不會表露在臉上。但是，過於忍耐會造成心浮氣躁。這是所謂的八面玲瓏型，有時顧慮過多，想博得他人好感反而招人厭惡。

如果是單親家庭的孩子（父親、女兒），內心期待著年長者溫柔的對待。

男性若發出這樣的聲音，多半是獨生子或在祖、父母百般呵護下長大的孩子。獨處時感到非常寂寞，碰到必須自己判定時會感到迷惘而不知所措。

對待女性非常含蓄絕不會主動發起攻勢。和女性談話時，若是一對一的情況會特別緊張。因此在他人眼中顯得優柔寡斷。

3　從發笑法瞭解對方的心理和性格

日本江戶時代的觀相家、水野南北曾經研究「笑法占卜」，在歐美也有所謂的「Gélo-scopie」的「笑聲判斷」。

有些人發笑時張大嘴巴有些人不張口而能發笑。日本前首相吉田茂鮮少開口發笑，掩飾自己感情或帶著強烈警戒心，避免他人洞察真心的人通常不會開口發笑。

◇「Wa ha ha」型的發笑

打從腹腔發出笑聲的人，是所謂的「豪傑型」。一般人很難做這樣的笑聲。這是身體狀況極佳才有的笑聲，平常若這樣發笑必是體力充沛者。不過，帶有威壓感，會震懾他人，因而使人心生警戒。女性若有這種發笑法，是屬於領導型人。

◇「Ha Ha Ha」型的發笑

笑聲通常是「哈哈」的聲音。毫無掩飾的自然笑聲。情緒安定的人會有這樣的笑聲，適合商談性格上屬於社交型。

◇「Ku Ku Ku」的笑聲

自覺沒有信心或強制壓抑不快的情緒時，沒有完全發笑的笑聲。有時可能以這種笑聲掩飾內心的牢騷，心浮氣躁或身體疲倦時也會有這樣的發笑法。

◇「Hi Hi Hi」型的笑聲

對他人帶有批評或輕蔑的心態時，這種笑聲已成習慣者另當別論。但一般人發出這種笑聲即可斷定商談無法成功。而當事者通常內心有所不安或煩惱。帶有攻擊性希望藉由欺壓對方以獲得快感。

◇「Ku Su Ku Su」型的笑聲

少女型的笑聲。好奇心強凡事都想一試的性格，非常渴望博得周遭異性的好感，而這種心態隨時表現在臉上；情緒有高有低，愉快與鬱悶時的落差極大。

4　香煙的掩熄法與性格

根據法國動作心理研究家、貝爾傑（精神科醫師）的研究，據說香煙的掩熄方式會充分反映一個人的心理狀態。換言之，滿足自我慾求後的處理方式最能暴露原有的性格。

在稅捐處或銀行任職從事會計工作的人，通常會整齊地把煙蒂丟棄在煙灰缸內。從事媒體相關工作等比較自由的行業者，往往把煙蒂雜亂地丟棄在煙灰缸裡。

◇把仍然冒煙的煙蒂丟在煙灰缸裡的人

這種人多半以自我為本位性格懶散。不能依他人所期待的去實踐託付的事，對金錢也毫無概念。這種人會具實表現自我感情卻受人排斥。有經常遺忘東西、遺失物品的疏忽型。

◇按壓煙頭熄滅的人

這是慾求不滿的動作之一。體力充沛而無法適切處理慾望所感到的焦慮。不過，對工作積極邁進，討厭半途而廢。通常受到上司的信賴。

◇輕輕敲打熄滅的人

處事非常慎重，注意對方的言行舉止，對人態度也溫和。不過，缺點是不能完全表達自己的意見。有時會舉棋不定無法下判斷，但具有領導部屬的資質。

◇掛慮丟棄在煙灰缸裡的煙蒂或用水澆熄的人

神經質、操勞性，過於在意他人的事而蒙受損失。如果夫妻爭吵或有不快的事情，即影響一整天的情緒。

◇用腳踩熄煙蒂的人

具攻擊性、不服輸。有性虐待狂的傾向，喜愛諷刺他人。經常感到不滿，擅長挖掘他人的過失。

5　香煙的抽法與性格

◇毫不在意過長的煙灰

會議中或工作中多數人會有這樣的抽法而忘了彈掉煙灰，通常是內心思考其它的事情，或在腦海中擬定計劃。如果平常都是這樣的抽法，多半對自己失去信心、身體狀況不佳、感到自卑的人。但是，具有良心不會為非作歹。

◇啃咬煙端

自虐型，當職場或組織發生問題，很容易把一切責任歸罪在自己身上。雖然具有良心卻操之過急，妨礙出人頭地的青雲路。通常有自慰的習慣者。

◇抽口濕潤

香煙的抽口濕潤也時有所見。這是情緒起伏不定、易熱易冷的性格。因異性問題發生糾紛，造成工作上最大的阻礙，有時會迷戀他人之妻。女性若有這樣的抽法對性極為敏感。

◇唇上叼著煙工作

這是對自己的工作帶有自信或繁忙的象徵，常見記者或律師。這是所謂的工作狂、猛烈型。如果自己的能力沒有受到旁人的認可，會強烈反抗或意志消沉。工作的失敗與成功呈兩極化。

◇抽煙抽到接近吸口

處心積慮、猜疑心強，極少暴露真心的孤獨型。處理金錢雖不至吝嗇卻會遭受誤解。不過，從思考到實踐有一段頗長的距離因而錯失良機。

◇經常改變抽煙的口位、急速地吸煙

急性、易怒，對人的好惡明顯，為喜愛的人盡心盡力。改變各式各樣的工作，比守住同一件工作更能獲得成功，對兩個以上的工作感興趣。

◇略揚起頭以嘴角抽煙

對自己的工作具有信心，可能成為某件工作的專家。不過，處事過於勉強又自視過高，通常與同事們格格不入，即使發生糾紛或失敗，也具有突破難關的衝勁，將來性高。

◇抽煙時伸直拇指頂住下巴

散發強烈的剛陽氣，不服輸。出現工作的競敵更會燃起鬥志。對困難的工作具有挑戰心。前途有望，屬於高級官員型。通常會在單一的工作上成為專家或自創公司。

◇抿著下唇抽煙而姿勢略為朝下

屬於安定型而具有適應性，不會引人注目。處事雖非轟轟烈烈卻鮮少失敗。按步就班地努力前進而獲致成功者。進公司一、兩年內，很少有發揮自我才能的機會，但經過三、四年後才漸漸受到上司的信賴。屬於大器晚成型。不過，這種人欠缺主動積極投入的企圖心。

◇從鼻孔吐煙或嘴角兩端吐煙

對工作的意願起伏不定而身體狀況也有高、低潮。喜好能一決勝負的事物，但做任何事都無法順遂己意，常因慾求不滿而煩惱。

6 從飲食瞭解對方的本質

據說法國的料理研究家布里阿沙・瓦藍，只要詢問對方想吃什麼?就可以立即拆穿對方的性格及身體狀況。譬如，吃法國餐時點叫牛排或炸洋芋片的人，是不會拘泥細微瑣事以實質為本位者，討厭麻煩的事物。

而肉品料理中點叫費時的料理或料理名稱複雜的人，在日常生活中是從事運用獨創力的工作。據說喜愛牛排或漢堡的人，基於人情義理而不得已有工作上的交際往來，事實上是很難打成一片的保守型。

◇點叫特殊名稱的西餐

喜歡點叫西餐且名稱特殊的人，具有強烈的好奇心，對新穎事物趨之若鶩，嚮往標新立異的行止。富獨創力會注意他人所疏忽之處。

不過，通常被認為是矯柔做作者或喜愛諷刺的人。

◇喜好添加蒜頭、辣椒等香辛料的料理

不論吃肉類或蔬菜沙拉，喜歡添加多量的香料或蒜頭的人，熱愛旅行、冒險。容易受人暗示。渴望有強壯的體力對性也極感興趣而追求刺激。凡事都想見識、嘗試的人。喜好刺激，嚮往充沛的精力遠勝於吃喝。

◇喜愛豆類、洋蔥、納豆

渴望引人注目或具有強烈自我顯示慾，隨時留意周遭景況的人，通常是演藝圈人士、政治家、明星，富有行動力會立即把想法付諸實踐。

◇喜愛芝麻或天婦羅類的料理

喜好從事腦力的工作，具有敏銳的分析力。熱愛思考，不願肢體活動，也具有卓越的數理分析能力。

◇喜愛蔬菜沙拉

富有社交性，對他人寬大，通常是溫和親切的性格，不會為無聊小事動怒、具有卓越的

色彩感。注重時髦，具有均衡的觀念。

絕不無理強求也不將自己的意見強制灌輸他人。會主動裝飾居家，選擇自己的領帶。

◇喜愛鰻魚

最討厭半途而廢，雖然樹敵多卻會因競敵的出現燃起鬥志。精力充沛而按耐不住。雖然顯得浮躁，卻有許多在工作或人際關係上成功的機會。

◇喜愛壽司

從最先挑選的壽司或最喜愛的壽司，可以意外地發現該人的性格。

・上等鮪魚＝正統常識型　以常識為判斷基準或行動的人。對冒險或大膽的行爲有排斥感。非常重視人際關係，受到衆人的信賴。

・蝦子＝慾望執著型　只要能實現自己的意願，即使犠牲一切，也在所不惜的猛烈型。日常生活中抱有崇高的理想，討厭平凡的事物。

・海苔捲＝妥協型　不會暴露內在慾求的類型。在日常生活中保持妥協的態度，縱然有不快的事情也會忍耐。

・鮭魚卵＝自我顯示型　平凡的事物無法獲得滿足，渴望展現自己的能力而顯得焦急。

對上司或權威帶有叛逆心。

・煎蛋＝感情型　受情緒的支配亦受氣氛左右。早晨發生不快的事影響到整天的心情。

・花枝＝現實型　不在意外表、虛榮，將內心所想表現在言行舉止上，豪爽直率的性格。對金錢非常關心，屬於出世願望型。

・鮑魚＝體力不足型　雖然對性有強烈的期待，卻明顯地出現性衰弱。渴望追求刺激時也會喜好鮑魚。不過，凡事都半途而廢無法獲得滿足。

喜歡薑片的人是屬於慾求不滿型。日常生活中不滿現實、感到焦躁而易怒的人。同時略帶性被虐待的傾向，常感到自卑。

7　酒的嗜好和性格

工作上交際往來最頻繁的，以酒為應酬的方式。通常藉由飲酒可以瞭解對方的性格，並作爲掌握理解對方心態的參考。多半也是解決陷入膠著問題的契機。

根據美國心理學家的研究，喜好狂飲者通常具有渴望改變自我性格的願望。這些人之所以豪飲，乃為了使自己的性格改變為自己理想中的模樣。換言之，不停地喝酒直到變成自己滿意的性格為止。因此，不是因好酒而飲酒，乃是渴望飲酒的心理作祟。

基於這種飲酒的心理，如果發現能夠使自己心理獲得最大滿足的酒，則會偏愛該種酒。喝威士忌會感到鬆弛的人往往討厭日本酒。而喝日本酒感到解放者，則對日本酒愛不釋手，其實並非酒在口感上的差別，多半是受心理的影響。

據說酒的消費量有百分之八十五爲這種常用者所消耗。特別喜好某種酒的男性，性格上常異於一般人，具有特殊的願望或慾求。

雖然酒種和性格的關係尚無充分的調查或研究，卻可以做以下的概要分析。

◇日產威士忌

順應性強能充分採納旁人的意見。香煙也喜好日產的長煙等。出世願望非常強，只要有機會即渴望從中大賺利市或期待上司的認可。對待女性非常重視禮儀並表現親切，擅長求愛的表現會明確地表達自己的心意。不過，飲用法有以下的不同。

●稀釋的威士忌

這是最普通的男性性格，渴望能充分把自己的觀念傳達給對方，適應力非常強。

●加冰塊

無法適切地用語詞或表情傳達自己的心意。在意周遭的情況易受他人意見所左右。但是，在公司裡通常是平步青雲的人。平常會掩飾自己的感情。

●純威士忌

具男性氣概、冒險心強。討厭受形式束縛，對強權勢力帶有叛逆性。富有創造力、獨創性又具正義感。不過，外表上會對女性表示冷淡的態度，內心卻是溫柔的。

◇日本酒

有些人偏愛日本酒如果餐桌上沒有日本酒則索然無味，喜愛日本酒者一般屬於保守派。富社交性而樂善好施。也有好好先生的一面，極在意對方的感受，易受吹捧受人所託無法拒絕；對女性尤其親切，即使失敗也不在意。在公司或職場中由於關照年幼、部屬深受部屬們的愛戴，卻很難獲得上司的認可。在變動期或混亂的世局會發揮卓越的能力。這種男性多半為了認同自己或對自己的能力有極大期許的人奉獻心力。雖然失敗多卻也有大成。

碰到他人的請託必給予協助或充當參謀。

◇洋酒派

最近年輕男子間洋酒派日益增多。商店到處都有洋酒的陳列。用餐必定有洋酒爲伍，或約會中必喝洋酒的男性極具個性。常喝洋酒表示許多不同的特徵。

最常見的是曾經參加歐洲旅行團或生活圈有這種經驗者。也可能因無法忘懷國外旅行的經驗而喜好洋酒。攜帶物品通常是外國製的。這時不妨檢查對方是否穿戴外國服飾或法國領帶。這種男性與實際年齡相較下顯得浪費。對他人有高度的慾求。帶有偏離事實的遠大夢想，經常更換職位、工作。異性朋友也多。

最難以相處的，大概是嗜好洋酒的年輕男子。這種人會為一點小事而動怒，對服裝也極為挑剔。

◇雞尾酒

喜好帶點甜味的雞尾酒者很少有豪飲型。與其說是喝雞尾酒毋寧是享受那種氣氛，或渴望與女性對談。如果喜好辣味而非調味的雞尾酒（如馬丁尼酒），是具有男性氣概，在工作上能充分發揮自己個性與才能，値得信賴。同時具有責任感，舉止行動有分寸。

喝甘甜的雞尾酒是不太喜愛酒精的男性，或渴望邀約女性享受醇酒的氣氛，或期待藉由酒精緩和對方的情緒。

如果向女性勸喝酒精度高或較為特殊的雞尾酒，乃是暗自期待利用酒精，使女性無法做冷靜的判斷。舞蹈前勸女方飲雞尾酒的男性，通常希望和該女性有性方面的刺激。

因而在飲用前應確認雞尾酒的種類或酒精度。有些酒精是專為誘惑女性（如Screw Driver）而有些烈酒，因其色澤與口感甘甜而令人輕易入口。如果別有用意而勸飲女性喝這類雞尾酒，一般是極懂得操縱女性的花花公子。

◇啤酒派

根據美國社會調查研究所的調查，據說啤酒乃是表現潛在性的「鬆弛」。喝啤酒是表現輕鬆愉快的心情，渴望從苦悶的環境中獲得解放。

約會時喝啤酒的男性，通常想要表現最原始、最自然的自己。無警戒地會坦率表現自己。如果向眼前的女性勸喝啤酒，是渴望對方和自己有同樣的心情，或潛在期待愉快的交談。既不矯柔做作也不愛慕虛榮，可稱為安全型。

如果特別指定品牌的啤酒，這種男性可要警戒。有些人會選擇和其公司系統相關的啤酒，而有些人也會在啤酒的品牌上表現個人的特性。事實上各品牌的啤酒味道相差無幾。特別指定品牌只是心理上的作祟。

選購外國啤酒的人性格上和洋酒派類似。特別喜好德國啤酒的男性，只是想向女性標榜自己異於一般男性。喜好黑啤酒的男性，通常對強壯的體力與堅強的體魄嚮往不已。

8 酒後露本性

有些男人一喝酒即判若兩人，有些人則依然故我。常見的是話多、吵鬧。仔細觀察醉酒百態是非常有趣的消遣。

◇滔滔不絕地訴說

原本沈默寡言者黃湯下肚後變得滔滔不絕，通常是平日的人際關係過於緊張的緣故。平日應該是一個恭敬有禮的人。性格一絲不苟、具有頑強的耐性。對年長、長輩採取恭謹的態度，而對女性則表示認真的行止。

◇動作變得活潑

喝酒後動作變大的人性格上具有強烈的反叛心、慾求不滿，討厭受形式束縛。如果不得不迎合他人時會有這種現象發生。同時，具強烈自卑感對同事或長輩也心存不滿。

◇變得意氣消沈

平常活潑好動或具有攻擊性，樹敵也多，果斷實踐自己觀念的人，當內心有所牽掛時酒後通常會變得消沈。

平時做任何事能順遂己意，然而暗地裡卻感到不安。多半盼望改變自己目前的生活。平常顯得生動活潑的人，喝酒後變得消沈落寞，從心理學的觀點而言是極為危險的徵兆。

◇流　淚

熱情的浪費主義者。喜歡某女性時會熱烈追求，卻無法壓抑自己的感情。在日常生活中雖然克盡職守表現誠意，卻經常有被背叛的不滿。飲酒後容易落淚，通常是對性具有強烈慾望的男性。

◇吃女性豆腐

危險啊

性衰弱或無法適切發洩自己的慾望。或者金錢上出現問題，工作上必須被迫做不感興趣的事而感到不平時會有這樣的舉止。一般是中小企業的董事長或平時從事高度緊張職業的男性。

◇依然故我

喝酒後仍然保持原貌的人，過去因酒精有過慘痛的失敗，對自己的缺點有過度的警戒心。

◇唱　歌

具有社交性、樂善好施。公、私分明的人。具有將來性而值得倚賴。不畏失敗會充分發揮自己的個性、技術以配合工作。

◇動　粗

有些男性一醉酒即動粗或向在座者發牢騷。這種人生性頑強又具行動性。通常是運動員，酒醒後如大夢初醒會對醉中的失態表示抱歉。似乎對於發酒瘋毫無感覺。有時令人驚訝於平時忠厚老實的人，何以會有如此大的變化？

◇睡　著

有些男性喝酒後會昏昏欲睡或抱起手來打起瞌睡。通常是性格內向、意志薄弱者。對旁人的意見經常表示附和的「ＹＥＳＭＡＮ」。與異性的交往如被父母反對會失去勇氣。過於老實而缺乏魄力。不過，對女性而言是駕輕就熟容易掌握的人。

◇滴酒不沾

有些男性即使吃了泡酒醬菜也會醉酒。喝酒乃一種社會的體驗，但有些男性是為了與人交往才喝酒。

而滴酒不沾的男性交友圈非常偏頗，多半討厭譁眾取寵的孤立型。一旦認為自己的觀念正確絕不妥協，擁有個人的觀念及道德觀，也希望對方能配合自己。相當的頑固，對金錢極為計較；個性嚴厲不允許對方有所過失。

對他人的缺點特別在意，凡事要求完美。

能適切享受飲酒樂趣的男性和滴酒不沾的人，在性格、社交方面有極大的差異。

適當享受飲酒樂趣的男性懂得迎合他人，在共同處理公務的場合與他人相處得宜。

呈圓型臉而滴酒不沾的男性，顯得稚氣而自以為是，臉型瘦削而不飲酒的男性屬於頑固型，情緒不滿時易怒。

◇勸酒的方式也會暴露個性

男性向女性勸酒時有各種的心理作用。渴望將難以操縱的對方佔為己有，或期待一起度過美好時光。

在歐洲香檳被認為是戀愛之酒、偸情之酒。奧黛麗赫本主演的『黃昏之戀』，也有一場賈利古柏與奧黛麗赫本偸情時準備香檳的場景。

向女性勸酒時先問對方「喝酒嗎？」再為其倒酒的人不會勉強灌輸己見，通常是溫和的性格。而不論對方是否喝酒逕自為其倒酒者，是期待能控制對方。對方尚未飲盡卻又爲其倒滿一杯酒的人，是渴望誘惑該女性，或內心希求儘早將對方佔為己有。

如不停地反覆「乾杯！」通常是外表顯得溫和事實上卻格外頑固，看似體貼卻極為冷淡的男性。

9　從對女性的嗜好分析男性的性格

據說男性的真心在酒吧裡會暴露無遺。某公司董事長帶新進職員上酒吧時，仔細觀察新進職員所注意的女性，談論的話題以揣測該職員的將來性。這也正是譬喻想看穿男性本質得先看其妻子的由來。不可思議的是男人通常有其固定喜歡的類型。不論生活如何變遷對女性的嗜好從不改變。一見鍾情的女性類型有其共通之處。仔細注意男性看女性時的視線，必可瞭解他對哪種女性感興趣？

譬如，某公司的董事長和公司中的一名女部屬有染，有一個秘訣可以立即拆穿哪一位董事長所染指的女性。在並列站立的女職員中凝視與自己發生肉體關係的女性時，和面對一般女性的表情迥異。

如果曾經有過肉體關係的女人，男人會注意其足或腰部。而對方的女性也會迅速地察覺其視線。男人帶著溫潤的眼神凝視對方。對方也以意識性意味的視線投注在男人身上。而注視與自己毫無關係的女性的腳或腰部，和注視曾經有過肉體關係的女性的該部位，眼睛有極大的差別。

◇喜愛姿色平庸和豐滿的女性

可能無意識間對自己的容貌或體態，帶有自卑感或對女性本身感到自卑的人。在性方面具有強烈的好奇心、嗜性者。同時極嚮往受女性的服務。通常不受女性歡迎或曾經與異性之間有過不快回憶的人。到酒吧或俱樂部會挑選容易親近而安全第一的女性。對於容貌出衆的美女或苗條的女性心存警戒，這種人多半憑個人的力量建立財富，或辛苦經營而成功者。

◇喜好出自名門貴族的女性

重視儀表、外觀，對自己的學歷、家風具有自信，或反之對學歷、家風帶有自卑感。這種人喜歡穿著海軍服或制服的女孩。高中時期曾經有過失戀或因不受女性歡迎而感到自卑。工作上崇尚一流，虛榮心強過一般人。

◇喜好熱鬧活潑的女孩

男人喜歡喋喋不休樂善好施的女性，通常在工作上不負責任，有關金錢的事情全委任他人處理。非常沈默寡言，討厭聚衆胡鬧瞎搞。一流企業的高級主管常見這種類型。

◇喜愛帶有傳統氣息、乖巧沈默的女性

男性度高、支配慾強的人。討厭受人命令、指使。對工作採神秘主義，公私劃分得相當清楚。

◇喜愛嬌巧玲瓏的少女型女性

略有性衰弱之感、老化之相，對體力缺乏自信，或渴望回復少壯時期的人。

10 興趣、娛樂和性格

男性工作成功之後在趣味或娛樂上會出現變化。年輕時代對運動或肢體活動感興趣，一旦成為富翁在社會上揚眉吐氣之後，隨著年紀的增長，會對庭石、茶器、古董產生興趣。分析實業家們的興趣，發現隨著年齡的增長，對「石頭」特別感興趣。有些人不惜巨金買回形狀特異而碩大的石頭，放在庭院裡擺飾。碩大堅挺的石頭是男性體力的象徵。也許是藉由佔有及欣賞「巨石」，以彌補自己男性度和體力的日漸衰萎。

從興趣上可以瞭解性格，也可以獲知心理狀態。試問：「目前最想做的是什麼？」根據其回答，可以意外地掌握對方的性格。

具體回答所想做的人，表示自己充分瞭解目前的心態，具備卓越的決斷力及分析力，而無法具體作答，只說「想出外旅行」等曖昧的作答，乃受他人意見左右，情緒顯得不安定時。如回答「沒有任何興趣」或「只想睡覺」的人，恐怕具有某種自卑感或希望從目前的工作獲得解放，逃避必須肩負責任的立場。

從興趣或娛樂的類型可做以下的分析。

董事長已不再年輕了

◇高爾夫

有不少人為了健康的理由而打高爾夫，事實上，有更多的人是因工作的需要而打高爾夫。打高爾夫的人有以下兩種類型：

具有目前的身分地位，已達公司或職場內受到認可的階級意識，多半嚮往出人頭地。打高爾夫並不為了技術上的純熟，而重視人際的接觸。如果，喜歡探聽對方高爾夫球的桿數，乃對自己的技術自信滿滿，或最近技術進步許多。詢問他人高爾夫球桿數時，通常也渴望對方能問問自己的打球術。

談話間經常提起自己所屬的俱樂部，或高爾夫賽程的名稱，或經常向對方詢問高爾夫俱樂部名稱時，即具有自負意識或對自己的收入所得帶有自信。

◇只想睡覺、毫無興趣

被問及興趣如何而做這種答案的多數者，通常是渴望他人「工作忙」或「全心工作」。這種人在潛意識裡，想向對方表白自己並無多餘的時間，投入打高爾夫或休閒活動，只對工作全力以赴。不過，毫無興趣者，在人際交往上也有偏頗，大概沒有太多的朋友。

因此，非常渴望有談得來的伙伴或出外旅行共餐。分明沒有空閒卻因他人的邀約而暢談，也藉由共餐變得親近。

◇釣　魚

喜好釣魚者屬於內向性格，信仰「認真努力必可出現成果」的信條。擁有自己的人生觀與哲學，只要打開話匣子則沒完沒了。剛開始難以親近，對喜歡的人堅守義理人情。因釣魚而結成知己具有團結力，無形中散發出一體感。

◇搜　集

以搜集郵票、錢幣為興趣者，多半是少年時代在優厚的環境下成長。

孩提時期受父親的影響較多，可能是第二代的經營者或原本有興趣搜集，卻在無意間變成正業，而所從事的職業也經常變更。浪漫主義者無時不刻追求夢想，討厭受人差使。

◇奇　技（魔術等）

醉心於奇技者所共通之處，在人前發表意見或受到旁人的喝采即感到喜悅，通常是好好先生無法拒絕他人的請求。體型肥胖而呈圓臉的男性，如果喜好奇技通常是好好先生。個性認真不爲非作歹。未曾體驗生活之苦的少爺型人物常有這種興趣。

◇V8攝影、照片

醉心於拍照者泰半是容易傷感的人，感情起伏激烈而孤獨，喜歡藏匿在自己的象牙塔內，外觀與內在完全不同。看似具有男性氣概卻帶有女性化的一面，以為擁有女性的溫柔，卻意外表現男子的剛陽氣。不過，常為一件事情放心不下，無法坦率接納他人對自己的批評。不擅長在團體內行動，而不可思議的是，在家庭裡對妻子卻能百依百順。

◇歌謠、花道、書道

對傳統技藝感興趣者有年齡上的差別。三十年代的人，對傳統的技能感興趣者，一般是受老人或父母的影響。諸如傳統老舖的後繼者或在老年人間生活的人。端莊有禮卻給人冷淡的感覺。自己建立一道壁壘使人無法親近。

◇喜愛棒球、足球等競技運動

以運動為興趣者，擅長與人相處而通情達理。雖然易怒卻也容易和人打成一片。在團體內行動，會主動擔任幹事的人。

計劃力與思考力稍嫌不足，是抱持「先行後思」主義者。一旦成功即雀躍不已，而失敗時，就會比一般人更感到挫折。

◇圍棋、象棋、拼圖、閱讀

這是知識份子最喜好的娛樂。愛好這類興趣者非常重視長輩，也具有母校、同伴意識。多半是從事用腦的職業。極為關切如何瞭解對方的心意或思考未來。研究心旺盛。缺點是不擅長與女性交往，不懂得為家庭服務。自尊心高凡事以自我為中心。

11　賭博的嗜好和性格

◇賽馬、麻將

沈迷於賽馬或麻將者成天只為賺錢，不過，也會重視自己的本業及外在的儀表。鍾愛賽馬、麻將者極注重外表。非常在意自己在他人眼中的形象。重視團體活動極少獨斷獨行。多半是為組織或公司，盡心盡力的中堅幹部。

◇象棋、圍棋

喜愛象棋、圍棋者通常是智慧型的上班族，喜好下達命令勝於受人指使，具備卓越的企劃力、分析力、洞察力。不過，自尊心高對自己的地位或工作抱著自負。重視信用也具有強烈的菁英意識，迎上欺下。多半非常重視自己的同學或同伴的人。雖然無法在初次見面即打成一片，卻可經由介紹人而在初次會晤後即獲得信賴感。

◇柏青哥等

沈醉於電玩者，具有掌握流行的順應性，然而易熱易冷。常受周遭意見左右，鮮少表達自己的觀念，有輕諾的傾向卻難以付諸實踐。但是，腦筋靈活、擅長與人交際。喜愛柏青哥者在個性上與電玩派類似。柏青哥派雖然是不無理強求的安全型，卻無法靜待家中，通常是難耐寂寞的么子或怕老婆的人。

第六章 推銷員洞察顧客心理的方法

1　服裝、攜帶品是地位的象徵

觀察初次見面者通常我們會把注意力集中在對方的服裝上。據說某著名的喜劇演員，曾經喬裝乞丐到各個商家光顧，以試驗人們的反應。結果如何呢?所到之處幾乎都是「被逐出戶」的窘狀。即使掏出一疊新鈔想在高級餐館用餐也被斷然拒絕。揮手叫計程車也沒有一位司機願意停下車來。

由此可見在我們的日常生活中，服裝是做為判斷他人地位、身分的重要指標。

根據法國暢銷書『最初的五分鐘』所言，一個人所獲得的第一印象，深受對方服裝、攜帶品的影響。換言之，我們是利用服裝、攜帶品來表現自己。藉由服裝、攜帶品，以呈現個人想向周遭傳達的生活階層。

隨身穿扮外國一流服飾的男性，是藉此標榜自己異於常人的男人。

譬如，攜帶世界名牌的物品，而故意顯現其商標的人，乃期待旁人能瞭解他過著高級的生活。以進口車而言，搭乘「朋馳」與使用其他進口車者各有不同的自我表現。

服裝、攜帶品傳達了比語言更多的訊息。

◇蝴蝶結領帶

喜好打蝴蝶結領帶者有其個性特徵。事實上對領帶的嗜好，往往明顯傳達了個性或對生活的期待感。為何有人喜歡蝴蝶結領帶呢？

一般而言，蝴蝶結領帶傳達兩種訊息：其一是飯店或餐廳的服務生的形象，其二是上流貴族的形象。

令人感到意外的是年輕時代有一段辛苦歲月，因而對一流事物帶有自卑感的人喜好打蝴蝶結領帶。同時，對身高有自卑感的人也出乎意外的多。裝飾蝴蝶結領帶可以產生自己彷佛高貴人士的錯覺，同時身高也覺得拉長一點。中小企業的董事長或白手起家的富者，常打蝴蝶結領帶也是這個緣故。而喜好蝴蝶結領帶的人相當吝嗇，凡事斤斤計較。

◇紅領帶是樂善好施

經常打紅領帶的男性，渴望引人注目、獲得認同、虛榮心非常強。一般打藍領帶者若突然打紅領帶，是上述心理的表現。通常是喜好談話的男性。有輕諾的傾向卻難以付諸實現。和這種類型的男性談生意，若不精打細算恐怕成功的可能性極低。黃湯下肚後變得滔滔不絕者也是其特徵。

喜好藍或紫色領帶的人是浪漫的幻想家，只會思考而欠缺實行力。

所打的領帶和服裝不搭調，或打茶色、灰色領帶者個性冷靜而保守。不做無謂的冒險，一旦認定自己是正確絕不輕易變更既有的觀念。不過，這種類型的男性喜愛他人的吹捧。

領帶有各種的花樣。如斜條紋、素面或小花紋、水點紋等，所使用的花紋不同，也會表現不同的性格。一般而言，斜條紋領帶是順應型的實業家，安全型。素面領帶是溫和的保守派，很少暴露自己的真心。水點或華麗紋路的領帶，會意識到女性的存在渴望博得人緣。

◇留意領帶的結

看領帶時不可疏忽的是其領帶結。領帶打得端正紮實表示精神上的安定，性格一絲不苟，處事有條不紊。

而談話中不時注意自己領帶結的人，可能是精神上感到不安或緊張的時候，這便是掩飾自己心緒動搖的舉動。

領帶結鬆散邋遢，通常是極度疲勞或做事有一搭沒一搭的表徵。另外，也可能是性格寬大的人，多半是在公司裡無法充分發揮實力的人。

◇從皮帶瞭解經濟狀態

光從服裝打扮無法清楚掌握個人的經濟狀態。如果仔細觀察其身上不引人注目的部位所做的投資，即能瞭解該人的經濟狀態。而腰帶就是最大的線索。

腰帶顯得破破爛爛或寒酸的模樣，幾可判定生活不安定。平日必須使用的皮帶無法花錢購置，乃是經濟上拮据的證明。

在引人注意的部位不惜投資金錢裝飾，未免顯得寒酸窘迫，明顯洩露了經濟上的不平衡。

腰帶不僅可以瞭解個人的經濟狀況，也是掌握身體健康的線索。窺視一下對方所繫腰帶上的孔。如果腰帶孔移動數格的痕跡、變形乃是體重變化極多而身體狀況不安定的人。

◇男性的戒指是自我主張的表現

男性手指上的戒指。戴在左手無名指的人，對家庭或夫婦生活有個人的理想，是屬於愛家型。這是想傳達自己具有良識而安定者的訊息。相反的，無名指頭沒有戴戒指的人，是不願意和家庭關係有所牽扯，或希望自由自在生活的人。

不過，大男人喜歡戴引人注目的戒指者，具有強烈的自我顯示慾、愛慕虛榮。對金錢、地位擁有自信，常對女常表現奢侈的氣派。這種男性通常會在喜愛的女性之前表現極度的虛榮。

一般而言，戴銀色戒指的人懂得控制自己的慾望，自尊心高，而戴金色戒指的人帶有強烈的自我意識，通常是牽強的人。

◇皮包是掌握生活階層的關鍵

搭乘火車時請注意車箱內的貨物架。您一定會發現對號快車和普通車上的行李架有不同的景象。換言之，皮包會暴露個人的生活階層或職業型態。

皮包顯得高級而堅固者，普通是無金錢之虞的人。可以上鎖顯得穩建的義大利或德國製的皮包。

從前受上流人士所喜愛的路易維頓或格基的皮包，最近已漸大衆化，年輕人常攜帶這類華麗皮包。攜帶顯得陳舊的路易維頓、格基、塞利奴的皮包，乃是海外旅行經驗者。這些人的皮包上常懸掛著數個曾經使用過的航空公司的掛牌。應該丟棄的掛牌卻留在皮箱上，是想向他人傳達「我經常到國外」的訊息。

而攜帶整潔的皮製皮包，乃是金錢上不虞匱乏而目前一切順利的人。

◇煙斗是「知性」裝飾品

香煙表現不同的性格或人品。而喜愛煙斗者通常是具有個性的人，同時自信自己爲所謂

煙斗是為了掩飾自己

的「文化人士」。

其實，這種人卻出乎意外的帶有神經質。個性脆弱深怕暴露自己的缺點。因此，會為無聊小事動怒或很難溝通。

嗜愛雪茄者也有類似的心理。

日本首相吉田茂是抽雪茄的名人，這是想表現自己是鼎鼎大名的人物，或男性剛強的心理作用。

邱吉爾的雪茄也廣為人知，當他的嘴巴少了根雪茄會使邱吉爾顯得渺小而不偉大，其間所造成的不同印象，完全在一根雪茄的作用。

2 從服裝看穿對方經濟狀態的方法

◇分期付款購物的時代

從前的商人從顧客的裝扮，即可判斷其經濟狀態或生活階層。只要注意到商店顧客的穿著，立即能掌握該顧客的生長背景或經濟生活。據說旅館掌櫃的必修課程之一，便是觀察顧客的穿著而判斷其類型。有些資深的掌櫃只要看顧客所穿的鞋子，就能判斷其來路。也有許多能立即分辨那種顧客穿何種鞋子的高手。

古時的商家，為了分析顧客的人品而有各種的巧思。在任何物品都可分期付款的現代，光憑服裝已很難窺視個人的真貌，不過，服裝仍然是瞭解顧客特徵的重大線索。

在整個服裝中最能夠掌握個人性格、經濟狀態的是西裝的口袋（尤其是胸口袋）、眼鏡、服裝的整體感。以下就針對這些來介紹根據服裝的人物鑑別法。

◇留意口袋

①口袋內放手帕

這種人對自己的社會地位、能力具有自信。同時，希望表現得更好而受異性的歡迎。期待他人能瞭解自己的優點時，也會在胸口袋放手帕。年輕男子若在胸口袋放手帕，通常舉止過於氣派、浪費、愛慕虛榮。

②放鋼筆或筆記本

想向對方傳達自己對工作上的企圖心。因此，工作一帆風順時常會有這樣的打扮。多半是工作積極投入、樸素而努力的男性。

不過，不注意細微瑣事，常有輕率的發言，神經略微遲鈍。

而胸口袋空空如也者，過於標榜自己的個性並刻意不裝飾自己。如果放太陽眼鏡或雪茄，則是想向對方誇示或表現強勢姿態的類型。

◇注意眼鏡

從眼鏡可以瞭解個人的經濟狀態或對工作的態度。

①注意鏡框

戴金邊眼鏡者，經濟富裕處於安定的狀態。

②注意鏡片

據說某經營者與顧客接觸時，如果發現對方的鏡片油污絕不信賴對方。因為，談論重要話題時而戴著油污的眼鏡前來，乃是對日常工作缺乏誠意。

◇注意服裝的不協調

前述提及根據腰帶瞭解對方的經濟狀態，同樣地，如果戴一副高級眼鏡而腳下的鞋子破破爛爛，或戴一支舶來錶而眼鏡稀鬆平常使得整體的裝扮不協調的人，可能生活有拮据之虞或慾求不滿、因金錢而困擾。

尤其是鞋子污垢不加保養，乃是生活有所勉強的證明。即使穿著高級服飾腳上卻踩著髒鞋、長褲縐巴巴而沒有整燙，通常是日常生活常有苦勞或家庭中有糾紛的人。

3　分辨富翁的方法

◇富翁是使人賺錢的夥伴

世界上只有少部份的富翁，以及其他大多數的平民姓。姑且不論富翁的基準以何為定，通常的比率是二比八。換言之，所謂的富翁只佔全體人口的兩成。

但是，操縱經營公司而引導社會動向的，卻是這二成中的人。賺錢的事業是這二成人的職責。他們不但工作賣力，也充滿著賺錢的企圖心。富翁就是這兩成的人口所成立的。

暢銷書『猶太亞商法』中也提起類似的情況。據說猶太人的商法，是不以佔居社會八成人口的大衆為對象，而認為以掌握富貴、引導社會動向的這二成少數菁英為商業夥伴，乃是賺錢的捷徑。以往的生意買賣，是出售令大衆歡迎、博得更多人喜悅的商品，以此為提高利益的關鍵。

今日的商業型態，以工作繁忙卻擁有巨富、帶動社會潮流的二成人口為對象的商法，才是獲得利益的最短捷徑。

與其賣五十台單價一萬元的電視機，獲利五十萬元，不如以出售五台價值十萬元的高級音響組合，以達到五十萬元營利為目標更能達到推銷的效果。薄利多銷的商法即是二次大戰結束後，物資匱乏時代的商法。

目前個人所得增加，經濟活動活潑的時代以薄利多銷為商法的，乃是超級市場的職務。一般的商店應以高級而具個性的商品，鎖定部份顧客為販賣目標。

那麽，應該如何以平日工作繁忙而擁有財富、主導社會中心活動的人為顧客呢？什麽方法可以掌握這些顧客呢？

根據東京一流百貨公司的某寶石賣場主任的經驗，據說外表看似有錢的客人，通常不會購買寶石，而穿著打扮顯得寒酸看似貧戶的人，卻當場購買價値數百萬圓的寶石。

看似有錢卻空空如也，一副富翁的打扮卻為金錢的籌措困擾不已，這也許是目前社會另一奇異景況吧。

◇富翁對金錢的處理態度謹慎

某汽車公司的推銷員K先生，連續創下高業績成為超級推銷員。他是如何開拓顧客層面的呢？其中有一段有趣的插曲。

據說他最感到困擾的是如何分辨有能力購買汽車的人。雖然社會的進步使得汽車幾乎已成大衆化，但K先生所經銷的高級座車價值六十萬～一百萬圓。若非相當有錢的「富翁」，根本買不起。

他進入汽車公司從事推銷行業後，所深切體驗的，誠如前述的寶石賣場主任之經驗，外表看似有錢的人通常虛有其表，而沒錢的人反

會員只有5000圓

而有錢。

他發覺前往拜訪經由介紹的顧客時，對方可能顧及對介紹者的虛榮，而佯裝有錢的模樣，事實上幾乎沒有人會花大錢購買高級座車。

因此，K先生想出一個掌握真正有錢者的方法。

首先，他調查在各飯店或大餐館舉行的宴會，然後打電話給主其事者的公司，請求主持宴會的幹事說：「也許人手不足吧！請讓我充當櫃台。」多數的公司由於其所從事的乃是一流的汽車公司，立即欣然應允。

為何他主動徵求擔任宴會的櫃台工作呢？他並不是為了在櫃台接獲來賓名片，以瞭解對方的住處、姓名而進行推銷；他所最關心的來賓支付會費時之動作。

根據他的觀察支付會費時，假設會費是五仟圓，有以下的類型：

(1)掏出一萬圓鈔票找零的人。

(2)詢問「會費是多少？」再掏出五仟圓付費的人。

(3)四處摸索找出皺巴巴的一百圓鈔票的人。

(4)從皮包裡取出整潔的五仟圓鈔票而付費的人。

(5)從口袋裡掏出一疊千圓和百圓鈔票，而從中徐緩地拿出五張仟圓鈔票付費的人。

從上述的類型中，他會筆記④「掏出整潔的五仟圓鈔票的人」的姓名，擇日再以推銷汽車為名前往拜訪，因此達到相當的業績。這就是K先生推銷成功的秘訣。

(1)掏出一萬圓鈔票者，通常身上也帶有千圓鈔及五百圓鈔。但是，這種人卻故意以一萬圓來支付會費。可見掏出一萬圓鈔票，是對自己地位的自負與虛榮。

(2)分明看過宴會的招待函而前來出席，卻又再次問起會費，乃是其疏忽的地方。即使按月付款購車，恐怕日後無法確實地履行。換言之，性格上通常是懶散者。

(3)以縐巴巴的鈔票付會費者，通常不是富翁而是礙於情面而出席宴會的情況。

(5)的類型和(1)類似。表現虛榮而私生活卻是吝嗇的人。

那麼，何以(4)的類型是有錢人最適合做為推銷汽車的對象呢？

掏出正好是會費金額的五仟圓鈔票，而且是剛領出來的新鈔。從這一點就可以看出這種人，會留意為了出席而特地從銀行取款。因為，這種人知道如果掏出一萬圓鈔票，對方必須準備零錢，而五仟圓鈔票則沒有這個必要。

同時，特地從銀行取款，也許是平常的支付都是使用支票或信用卡。真正的富翁平常不會攜帶現金。

這是謹慎處理金錢而有建全經濟觀的人，對於日後分期付款的結帳可以安心。據說日本化藥會長原安三郎先生，即使所收到的是零頭小錢，也會點淸之後再收下。這便是真正的富翁風範。

4 從座車瞭解對方

開車前來的顧客有各種類型。

擁有座車便是富翁。最近，即使沒錢的人也擁有座車，和年齡也沒有老觀念認爲絕對關連。現代就連學生也擁有座車。因此，即使顧客開車前來並不表示經濟的寬裕。

相反地，對座車車身顏色的嗜好或外觀，會暴露擁有者的生活狀況。

喜好「黑」色的箱型車或灰色座車的人，性格較為保守、樸素，但對金錢、名譽有強烈慾望。不過，車身骯髒、車燈模糊的座車，是表示擁有者處於特別異常的狀態。譬如，夫妻關係出現齟齬或有金錢上的煩惱等。雨刷生鏽或窗框帶有鐵鏽的人更為危險。

如果將座車改造更換保險桿或自己塗改車身顏色的人，通常是生活不規則，喜好冒險而懶散者。

喜愛白色座車的顧客，對生活帶有夢想多半過著洋式的生活。舉止氣派卻周轉不靈。

喜歡紅色或綠色車身的顧客具有強烈的自我顯示慾，通常是愛慕虛榮型。身上也穿戴流行的服飾，顯得非常氣派，但對金錢毫無克制。

乘坐新車、新型車的人，可能是生活突然產生變化或金錢籌措無虞，屬於忙碌的人。

從一輛汽車可以清楚地暴露生活的型態。

5 看穿女性顧客心理的方法

女性顧客的心理最難以捉摸。根據年齡、職業而有不同的嗜好，性格也呈現百態。判斷女性的心理的確煞費苦心。

人的性格會在各種場合流露出來。談吐方式或表情、臉型，均會出現各種特徵。尤其是面對他人搭訕所做的反應，往往在無意識間暴露出性格來。

我們就以商品的說明為例。「這是新製品和以往的商品不同。我想您可能還不知道……」以刺激顧客心理的話語向其說明時，要仔細觀察顧客的表情。有些顧客可能對於「您不知道」這句話感到不快，也有些顧客坦然接納這種略帶挑釁的說詞。

推銷成功與否，乃操縱在如何掌握女性顧客的心理。購買電器製品的決定權，幾乎已操縱在女主人的手中，據說只要是女性利用價值高的商品行情也必看俏。

◇購買微波爐女性的心理

女性在購買時具有迫不得已，以及原本無意購買卻出於衝動的兩種心理狀態。

競爭意識作祟

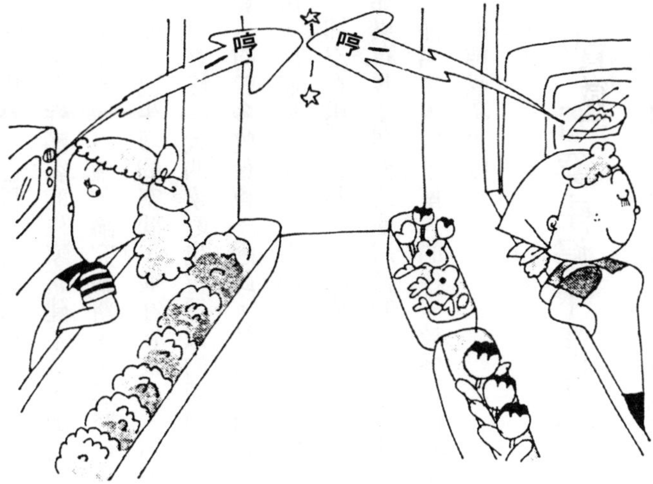

譬如，燈泡、電池等商品通常是礙於需要而購買，一般在選擇這類商品不會有太大的猶豫。但是，如果是全自動洗衣機、冰箱等高額商品，普通是在衝動的心理下購買這類商品的，這種衝動性，往往受到渴望擁有這類需要性以外的價值而感到滿足，或使生活顯得富裕、尋求異於其他女性的優越感所影響。

微波爐是目前主婦們買氣極旺的商品，其實購買價值一、兩萬圓以上的微波爐，是在各種複雜的潛在心理作祟下的舉動。雖然微波爐有其在短時間內調製料理的便利性，但購買的人，本身倒是受到以擁有高級商品而獲得自我滿足的情緒所影響。

購買微波爐的家庭以下列的住戶居多。

(1)新居落成不久

(2)客廳寬敞

⑶廚房大而居家舒適

⑷不惜為自己孩子的裝扮投資

如果女性顧客的住家新建不久，通常會對廚房用品多所留意。這種人家不會使用舊式的微波爐或廚房設備，講究嶄新、走進時代尖端的商品。當女性的新居落成之後，無意識中會去裝飾自己生活的空間，並在親友出入可能觀賞的部分做刻意裝飾。

「客廳」大的家庭也有類似的傾向。客廳大的家庭訪客出入也多。通常會招待友人舉行宴會，有較多的餐會。因此，經常利用廚房調製料理，並藉此讓朋友們觀賞自己裝飾華麗的廚房，以體驗滿足感。客廳過大的家庭常有浪費傾向，容易變成浮華的生活。而「廚房」寬廣，卻沒有男主人個人空間或居住空間狹窄，通常家庭裡的發言、購買權是掌握在主婦手中。如果有其便利性或使用目的在於主婦或孩子身上時，購買商品的機率較高。

而男主人的臥室大的住家較懂得控制金錢，生活有節制少有浪費傾向。對於主婦或孩子使用的商品不太關心。

6 看穿主婦生活狀態的智慧

那麼，如何才能瞭解所拜訪的家庭主婦，處於何種生活狀態對那些商品感興趣呢？以下介紹各種瞭解主婦生活狀態的線索。

◇想知道對方的「交易銀行」時

如果要瞭解其交易銀行或信用狀態，桌上的火柴盒或壁上的日曆通常是關鍵所在。一般家庭鮮少主動購買火柴盒或日曆，而使用銀行或交易往來的顧客所贈送的物品。稅務員調查是否逃稅時常應用這個方法。他們會根據顧客的日曆或火柴盒，調查其銀行、僱主鎖定目標之後再檢視帳簿。

◇希望掌握主婦性格時

這時要觀察時鐘、日曆、玻璃窗等。從中可看出是否生活嚴謹而勤快的人，或付錢大方踏實者？只要觀察時鐘的時刻是否正確，日曆是否停留在數天前的日期，或玻璃窗是否顯得污垢？從中多半可以找到端倪。

◇女性掌權的家庭與否

地毯、花瓶等裝飾，通常傳達了該戶家庭的夫婦關係。房間裡有擺設較多的花瓶或插許多鮮花的家庭，通常是女性掌權。而地毯若使用紅色或花紋的款式，多半是女性所挑選。這也表示該戶人家是女性掌權。

其使用座車的顏色若是黑或茶色，即是男性掌權的家庭，白或紅色則是女性掌權。各種決定權操縱在女性手中。

◇判斷女性顧客的第一關鍵在於兒女的服裝

兒女的服裝是觀察女性顧客的重大關鍵。如果兒女的穿著打扮顯得高級而有品味，表示生活水準高，日常用品也傾向於使用高級貨品。

兒童服飾的價差最大。一流的上級品價格和成年人服飾相差無幾，價位常在數千圓以上。如果母親本身的服飾並不特別，卻讓自己的孩子穿著高級服裝，表示對自己的出生背景或教育抱有自卑感。

而本身穿著流行品牌的高級服飾，卻讓孩子穿得一身邋遢，乃是虛榮心的表現。這種女顧客在言談舉止間，顯得買氣極旺。其實一旦購買之後，付款方面一點也不乾脆。

當母親及孩子都穿著高級服飾時，一般而言是生活階級高而收入也多的人家，女性顧客本身常會暴露自身的生活模式。

◇根據丈夫的職業瞭解女顧客的類型

女性的生活類型根據丈夫職業的種類有極大的出入。同時，因職業的不同也會有明顯的性格差異，對商品的注意點也各不相同。若是小學、中學教師的家庭生活多半略帶保守。即使市面上出現新穎的電器製品也不趨之若鶩，廚房設備也不講究摩登。一般的製品會善加珍惜使用數年，因而更換新製品的週期比一般家庭長。這是屬於長久使用舊式製品的類型。

相對地，中小企業老闆、商店老闆的家庭，經常購買商品並一再除舊佈新。購買時也鮮少挑三揀四。

醫生、律師、會計師等的家庭，對新產品極感興趣商品知識也豐富，在選擇上吹毛求疵較難以應付。

7　細微的肢體動作也是判斷的關鍵

確認對方的反應時除了注意其眼睛表情外，肢體動作也隱藏著許多玄機。我們不妨留意觀察談話中，對方的肢體語言及臉部表情。

◇擺出手掌是友好的反應

一般對他人的游說表示友好的態度或有興趣時，雙手的動作會顯得自在。而在各種手的動作中，會經常出現攞出手掌，讓對方看見彷彿伸手請人的動作。也常有翻現手掌而指頭無力的手勢。

◇雙手抱胸的顧客無意購買

表現拒絕的動作時通常會雙手抱胸或岔開視線，談話時經常揚起頭來。翹起二郎腿也表示拒絕的動作。這時顧客並無購買的意願，也可能對談話的對象帶有批判的心態。

◇指頭放在鼻尖乃猶豫不決證據

無意識中將食指搭在鼻尖，乃是感到猶豫或希望做詳細說明的表情。舉棋不定而顯得不知所措時，手的表情也會出現不同的型態。

只要養成仔細觀察對方肢體語言的習慣，即可正確掌握對方的心態。

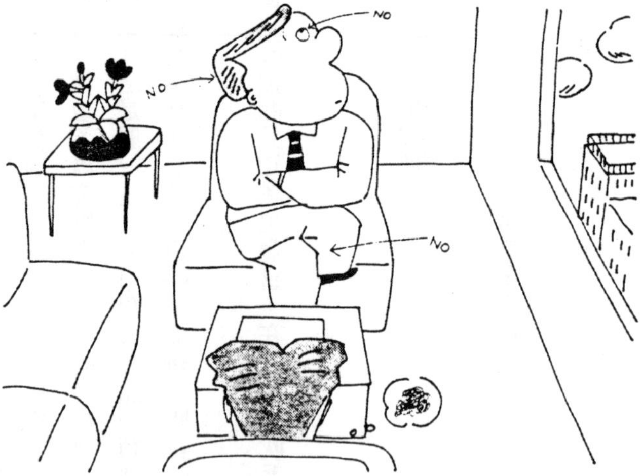

雙手抱胸乃無購買意願

◇從手的表情做判斷

以下介紹利用手的表情判斷法。一般手會傳達以下的訊息：對談話感興趣時，手會自然碰觸臉部或頭部。相反地，話題中斷或顯得有點掃興時，也會碰觸頭部或臉部。

失敗時不自主地會摸著頭說：「糟了！」而用手掩住口或碰觸臉或頭的某部分談話時，也會清楚暴露內心所想的事。

①碰觸額頭……覺得膽怯，不知是否該說出這樣的話來。通常是處於不安定的心態。譬如想殺價卻說不出口的情況。

②撫弄耳朵或觸摸額頭時……沉醉在自己的談話中。話中會摻雜著謊言。

③撫摸下巴或用雙手抱住茶杯……動腦筋思索著接下來該怎麼辦的下個動作。多半是思考如何才能獲得對方更大的信賴。

④輕觸鼻頭……掩飾自己的不便，或覺得不知如何判斷時的動作。意識到周遭的景況，顯得腼腆或想掩飾自己的感情的心理表現。

⑤用小指捲起耳邊的毛……懷疑對方所說的話。

◇仔細觀察顧客的嘴型

臉部表情中嘴巴扮演著重要的角色。對方的反應經常暴露在嘴邊，尤其經常呈現微笑的口型。閉嘴微笑是表示拒絕的態度，略張口而微笑則是禮貌式的應對，打開口露齒微笑通常是表示共鳴。

嘴角稍微往上揚是個性坦率不拘泥小節的人，嘴角下垂則略帶諷刺，並非坦率的顧客。

8 掌握女顧客心理的方法

即使是充分理解女性心理的人，也僅僅瞭解女性的某個層面而已。

某化妝品公司的超級推銷員Y先生，也以擅長掌握女人心而在業界聞名。

他走進拜訪的人家，一看見對方主婦的臉孔，開口即說：「太太，您似乎有點累了吧。臉色顯得黯淡，雙眼無神。您是使用那個化妝品？肌膚是需要營養的啊……」以這樣的方式去掌握女顧客的心。

這個方法是利用「疲勞、黯淡……」之類，令人受到打擊的說詞去吸引女顧客的注意。接著改變話題說：「用……的方法即可使妳的肌膚恢復健康。」立即就能抓住主婦的心。

◇兒童是女性的大敵

一般而言，女性對於自己的孩子被讚美，遠比自身獲得讚揚更感到滿足。某不動產的資深推銷員到顧客家庭訪問時，必定記住對方孩子的姓名。

當他聽見該家主婦呼喚孩子時，立即輕柔地叫住孩子贈送一份初次見面的禮物。一般人只會讚美對方的孩子說：「您的孩子非常開朗啊！」而這名資深推銷員，必定說出其名字並讚揚道：「小雄是個開朗的孩子啊！」

我們一般被用代名詞如「你」「您」呼叫時，並不比被直接叫出名字而冠上先生小姐尊稱的稱呼方式感到滿足。如果初次見面的對方，即能記起自己孩子的姓名，當然會令人感激萬分。這點細微小事卻足以掌握對方的心。

◇女性所追求的是「心」

一般家庭很少會準備蠟燭。因而在戰前行商者們，都會注意只要拜訪的家庭發生火災，或附近有火災發生，必會帶蠟燭前往訪問。

其實這種精神直到現在也是從事推銷者的基本態度。尤其是女顧客對於這樣的推銷者，會產生極大的信賴感。

顧客購買商品或想要積蓄的動機中，並不單指追求物質上的利益，反而是尋求精神上的「滿足感」。目前推銷方式是採納美國式的販賣方法，其技巧相當卓越卻忽視了「心」的問題。各位應該不要忘記顧客對推銷員所期待的，是藉由購買的行為獲得「心」的滿足，而不只是「物質上」的利益。

如果A和B同樣是價值一千圓的商品，選擇A或B的決定關鍵應該是「心」的問題。

假設目前有一頂值三千圓的女帽和三頂各值一千圓的女帽。如果你要贈送禮物給喜愛的對象，你會選擇一頂值三千圓的女帽，或三頂各值一千圓的帽子呢？

雖然選擇的結果兩者都是三千圓的等價，但一般人對於價值三千圓的帽子覺得高級（可能也因人而異）。因此，一頂值一千圓的帽子三頂，和三千圓的帽子一頂之間並非等價吧。

推銷員的職務，是把這種令人感到滿足的商品推銷給顧客，而這種「心」的滿足感，常會影響女性做選擇的心態，各式各樣的化妝品其實相差無幾，而選擇高級而具信賴品牌的女性，仍然是受這種「心」的滿足感所左右。

◇女性是表裡不一

有些人看似闊氣，其實家裡經濟迫在眉睫。

我們經常以外表判斷人而慘遭失敗。尤其是女顧客外在的容貌，事實上和真正的自己出入甚大。穿著顯得樸素不起眼的女性，常意外的是擁有巨金的富婆。戰前某大商店的『店員十六信條』中，也明白地指出：「如住宅華麗而太太也穿金戴玉，但廚房雜亂無章、廁所不潔、庭院怠惰掃除的家庭，即使有再多的訂單付款也不乾脆。」

若是公寓住宅或一般的住戶，只要觀察晾在居家附近的洗滌物品，可以掌握主婦的生活態度，或金錢調度情況。把洗滌物品掛在繩上的簡便法也會暴露性格。衣物雜亂曝曬的住家，通常家計的運轉不良，付款也不乾脆。同時有許多無謂支出，是收支不均衡而表現闊氣的家庭。

實際前往拜訪時對方的談吐顯得誇張，有如富翁的神態，事實上大有出入。有時可能為明天的生活所需尚無著落而窘迫不已。

◇女性喜愛受人讚美

即使是細微小事只要是女性的優點應給予讚美。據說這就是操縱女性心理的第一步。日本著名的女性雜誌『主婦與生活』，曾對讀者做過問卷調查，內容是：聽到那些讚美詞會感到喜悅？而出現以下的結果：

①「率直開朗的太太」四八・五％
②「伶俐聰慧的太太」一六・一％

③「溫柔的太太」一五・〇%
④「具有品味的太太」一三・〇%
⑤「打扮得漂亮太太」三・九%

可見女性難以抵擋他人的讚美。即使是露骨的讚美詞，聽在女性的心裡卻感到舒服。女性也許認為「因讚美而存在」吧。

第七章
如何讓對方瞭解你

1 觀察他人的行止而糾正自己的行止

如何把人與人會晤之間的難點，轉換為對自己有利的條件必須具有相當的技術。尤其今日無暇與人細心交談的時代，如何將最初的邂逅繼續發展，這不僅是造就人際關係成功的重要關鍵，也可說是推銷成功的第一要件。

我們常在無意間令對方感到不快，或撒下日後造成糾紛的種子，甚至令對方產生敵意。

◇帶給對方何種印象

人與人在應對之間可能會因芝麻小事而造成誤解，或引發困難的問題。日本曾經發生一件死者高達九十五人以上的礦坑大變故。當時該礦坑董事長，與擔心家人安危而聚集前來的家屬們，雙方應對方式之差，令人深感現代人對面談、應對之法一無所知的遺憾。因瓦斯洩露造成事故，被埋在坑內深處的礦工們幾乎已無法救出，當時為了預防火勢蔓延，向家屬們報告不得已用灌水法搶救的原委。

當然，在這個景況下，在技術上已不可能救出坑內的礦工，為了預防第二次災害，也許在坑內注水乃是必要的措施。但是，這位經營者與驚心動魄的礦工家人之間的對應方式，簡直完全忽視了人的感情。

最值得一提的是董事長的表情及穿著打扮，帶給在場者心理上產生排斥的違和感。在場者各個淚流滿面，穿著混雜著汗水與塵埃的服裝，靜候礦主方面的說明，而董事長卻以全身雪白的白襯衫打好領帶，一副西裝筆挺的模樣出現在災變會場。

會場上的人，原以為董事長和家屬們一樣感到悲傷與不安，卻看到其一身潔亮的打扮而感到排斥。

當然，這位董事長是具有人情味而善良的人，對待礦工家屬們一定也有同情心。不過，穿著與周遭不協調的衣著裝扮，帶給受害者家屬們的印象，是過於冷靜且冷漠。

會場裡旋即掀起謾罵董事長，迫使他也進礦坑的喧囂自是理所當然。如果當時董事長也穿著沾染污煤與汗水、塵埃的襯衫，不打領結出現並表達自己的真意，也許多少可以緩和家屬們憂傷焦慮的情緒。細微瑣事足以改變人的心態。

從這個事實，我們瞭解若要傳達自己真正的心意給對方，應該留意服裝或表情，表達自己的心態。

面試中必須有心理上的技巧，正是這個緣故。在短短的幾分鐘面試內，要傳達自己的心意，心理上的創意扮演著極為重要的角色。

2 面試成功的五個要點

因此，我們把擅長處理人際關係者，在面試獲致成功的關鍵，整理如下五個共通的要點：

①對面試者的觀察力與關心
②站在對方的立場思考
③平日與自己性格迥異者交流
④自己心態的管理
⑤以樂天的角度觀看事物

◇關心對方

擅長面試或在初次見面中給人好印象的推銷員，也是「擅長觀察對方的人」。他們具有可稱為人間觀察法的訣竅，對於所接觸、會晤者經常帶有關心。到顧客住處訪問，被接待在客廳等候時，並非漫然虛度時間。

應該注意裝設在牆壁上的格言，注意擺在房間角落的獎盃等。

牆壁上的照片可獲知其交友關係的關鍵，也是瞭解對方興趣、關心的線索。書架上的書籍可以探討其知性的關心度，做為談話的話題。

人都渴盼獲得認可，尤其是實業家具有強烈的自我顯示慾，而渴望獲得極高的評價。房間的裝飾、書櫃的擺設等，是掌握顧客所想強調的部分或引以滿足的地方之線索。

◇以對方的立場思考

第二條件的「站在對方的立場設想」，是任何資深的推銷員所奉行的信條。美國從事推銷員教育的第一號人物貝德卡曾說：「推銷乃探討對方所追求、期待者的努力的反覆。」懂得掌握面試情況者，都能站在對方立場思考事物的人。

隨時思考如果自己站在對方的立場，會有何種想法？對方若是自己可能會感到不快，將心比心後再付諸行動。

星期天晚上九點半左右，不動產公司的推銷員打電話到某上班族的家庭。

「敝公司禮拜一開始出售一棟架構完美的大厦。我想先通知你而冒昧的打了電話。」

雖然接電話的上班族原本就想購買大厦，然而這通電話卻令其惱怒。因為，這個時候正是他熱衷觀賞週日影集的時候。雖然他能理解不動產公司推銷員的熱心，卻對只站在自己立場行事的作為感到不快。

我正在吃壽司便當呢……

這位推銷員的錯誤是沒有考慮在星期天的晚上，尤其九點以後到底是什麼樣的活動時間。他並不知道當晚的電影，是多少家庭拭目以待的好片。

有許多利用東京——大阪之間空運之便的旅客，在這個飛程中有些空中小姐善解人意，也有些則顯得遲鈍。

一般人搭上飛機會攜帶便當於機艙內食用。靈巧的空中小姐看見旅客吃三明治時，會為其端上一杯咖啡或果汁，如果對方吃的是壽司便當，則為其泡一杯日本茶。但是，有些空中小姐不論對方正吃壽司便當，也無所謂地端來果汁。是否具有站在對方立場而觀察對方所食用的餐點，自然在應對進退上也有差別。

面試乃是站在對方的立場去思考事物的構想，訓練的場所。

◇向與自己不同類型者挑戰

面試的第三個要點是主動積極地與自己性格迥異者挑戰，反而具有效果。

初次見面而無形中討厭對方時，刻意去接觸對方通常事後對自己有所裨益。我們會因第一印象感到不好，而自然排斥並不喜歡的人。其實當時之所以留下這樣的印象，是自己的表情顯得陰沈或愛理不睬的樣子。覺得討厭而露出黯淡的表情時，對方在無意識中也會模仿這樣的表情。

那麼，該如何和覺得「討厭」「令人不快」的對方相處得宜呢？

根據思考促進人際關係成功的心理技巧的心理學家羅伯•夏普的研究，據說我們對於初次見面者感到排斥，或與人會晤時產生不快的經驗，必有其各種肇因，而多半是精神因素所造成的。

如果自己的表情顯得冷漠，動作變得彆扭，肩膀顯得僵硬緊張時。無形中令面談的對方感到厭惡，覺得枯燥煩悶。

因此，必須與重要人物或平日感到厭惡者會面時，首先必須設法緩和自己的動作與姿勢。

如果一直保持雙腳併攏坐在椅子，雙手筆直擺在膝上的談話姿勢，在面談之前，不僅給會晤的對方產生鬱悶的印象，也會令對方感到不快。

當自己感受不良的印象或覺得對方令人可惡時，事實上其多數的原因乃在自己本身的態度上。譬如，各位可以回想一下在所拜訪的公司中，覺得對方令人難以產生好感，或談話時感到不快，覺得意氣不投時的景況。您必定會發覺當時自己的動作或姿勢一定過於緊張。

◇管理自己的心

自己顯得心浮氣躁慌慌張張去與人會晤，即使對方具有體貼又溫柔的人，也無法進行良好的溝通。

今後的時代乃是精神壓力的時代。每天可以說是一連串鬱悶、煩躁的連續。如何調整自己的心態，才是在面試中獲致成功的重要關鍵。

根據某心理學家的研究，據說這樣的場合，利用「祈禱」可達到相當的效果。無論怎麼思考或煩惱也於事無補時，則停止思考改做祈禱。祈禱對象是寺廟、神社或教會都行。藉由「祈禱」以緩和心緒的緊張。

據說美國總統官邸的白宮中，設有一處專為總統祈禱的房間，也許總統可以藉由祈禱，從煩惱中獲得心靈的解放吧。

◇以樂天的角度觀看事物

我們從各種角度談論，在工作或日常人際關係中，佔居重要角色的「面談」的問題，而懂得與人相處者，可說是擅長面談技術的人。在面談的人際交往中獲致成功的多數人，其所共通之處便是保有永遠開朗的性格。

給人陰沈而黯淡印象，並悲觀地自認一無是處的人，在面談的人際關係中也經常蒙受損失。以樂觀的角度思考事物，永遠保持愉快的態度並擁有幽默的話題，會受到衆人的歡迎。令人感到親近而愉快的人，其四周自然會衆人聚集。當然，這種開朗、樂天觀看事物的性格，並不一定是天生具有。只要藉由自己的努力，也可以使性格變更樂天、更開朗。也許這正是面談成功的第一關鍵。

3　加深自己給人的印象

◇有重要工作的當天早上

我所認識某貿易公司的推銷員，碰到與國外客戶商談的日子，絕對不搭電車通勤。他商談的手腕與業績之高，深獲上司的賞識。在談生意的早晨必定搭計程車上班。這並不是為了在外商顧客之前表現虛榮，當然也不是錢太多無處花。

他住在三鷹市，搭計程車到東京上班，必須花費約四千日幣的車費。而且，最近交通混雜，搭計程車反而比電車費時。因此，他與外國顧客商談的當天，反而必須比平常提早三十分鐘出門。

那麼，這名年輕的商社員，何以會做這樣的安排呢？

他的回答是「利用二十分或三十分鐘的時間，在計程車內思考商談對策最適宜了。」面臨與外國顧客的商場決鬥，若在擁擠的電車裡搖晃著到公司，絕對無法令對方產生好感，也不能進行順暢的交涉。充分的睡眠所思考出的構想，也可能在擁擠的電車裡沖昏了頭緒。而計程車雖然費時又費錢，卻有其供應舒適空間與思考時間的效果。

他認為若要揣摩獨自與外商做各種商談作戰的計策，徐緩行駛在三鷹到東京間混雜國道的計程車，乃是最好的運籌帷幄。

此外，有些人碰到有重要公事的日子會以步行上班。這位在宣傳廣告相關的F公司服務的人。搭中央到達四谷車站，再徒步約三十分鐘到公司。途中慢慢沿著九段的靖國、神社、皇居的圍牆端漫步而行。在這段漫步行程中會想出各種的對策。

◇脫離日常性

上述例子教導我們一般的上班族，若要想出異於常人的構思或交涉法，必須努力積極去使單調的日常生活產生變化。根據美國某心理學家的報告，多數在人際關係中失敗的人，並非當事者缺乏實力，而是較少有改變日常生活模式的構思或努力的緣故。

據說多數人只發揮自己能力的百分之十而已。若要有效發揮百分之百的實力，其方法之一也許是儘可能預防日常生活陷入單調化。這並非各人的耐性或信念的問題，如前述的商社員或廣告職員，利用一點巧思即可達成。只要試著改變日常生活中習以為常的作為，也能因而轉換心情。稍微變更陷入單調的陳規、老套，即可充分達到目的。

◇同一個小說境遇的差別——某作家的例子

某作家到出版社自我推薦所寫的小說，結果當場遭對方以「不怎麼有趣」為由拒絕。兩年後他改用郵寄，把同一本小說寄給同一家出版社。不久電報來了。『出版ＯＫ希望面談』，當這本書出版之後，他把這件事告訴該出版社的董事長，董事長一臉苦笑地說明，當時因胃腸不適上醫院看診的緣故。

拒絕他人的理由中，也許像這名出版社董事長一樣毫無道理的胡扯。夫婦爭吵或鬥嘴之後，很少有人能以善意的態度去面對他人。

◇自己可以為他人做什麼

接著來思考公司錄用考試或促銷等情況。碰到對方無法認同自己的長處而不被錄用，或顧客不可能購買的情況，多數人都抱以消極的態度，以為已毫無希望而打退堂鼓。

但是，不論是推銷或公司的錄取考試，都是從自我推銷被拒絕之時開始。尤其公司的錄取考試被拒絕之後，反而會造成有利條件而進入公司。

以下介紹的例子就是最好的印證。那是前往美國紐約的梅西百貨公司參加公司考試的某位青年。他在學校的成績不好，面試時給高級主管的印象也差。因此，面試當場即被淘汰了。但是，他毫不絕望。他整整花了約三個鐘頭，在梅西百貨公司裡到處巡視。接著他立即打電話給高級主管說：

「我無論如何想要在這家百貨公司工作。考試完後直到現在大約三個鐘頭，我走遍了百貨公司每個角落。試圖尋找我可以擔任的工作；我認爲這個店裡有十個地方可以讓我表現比一般人更傑出的工作。請讓我做其中一項工作。見習也可以。」

因為這番話而獲准再接受一次面試考試，終於在熱切渴望的梅西百貨公司裡上班了。

4 是否令對方產生不良印象

與他人碰面時必定會產生某種印象。

「通情達理者」「腦筋靈敏者」「顯得冷漠者」等等。誠如你所感受到對方的印象，您也會給他人留下某些印象。

那麼，人是藉由哪些訊息而建立自我形象呢？請根據以下七點做自我檢查：

◇第一印象的自我檢查重點

①眼睛的表情

照鏡子或端詳自己的照片思考自己給人何種印象。是否給人冷淡、恐懼的印象？曾經被人指稱眼神恐怖嗎？

②臉孔整體的表情

與人談話時是否出現酒窩或帶著開朗的表情？給人面無表情而冷淡的印象嗎？不妨面對鏡前微笑看看。微笑時臉孔的表情是否顯得愉悅？是否有微笑中帶著憤怒的表情，或表情木然呢？

③手的動作

談話中你的手常做哪些動作？是否有經常抱胸的習慣？手的動作少顯得不活潑，給對方留下閉塞的印象。

④腳的姿勢

面對大型鏡子看自己的模樣。是否有彎腰駝背顯得弱不禁風的感覺？同時也在鏡前端詳自己的坐姿。身體是否偏向某側或坐的方式顯得不自然？

⑤性的印象

從同性或異性眼光看來，你的動作中給他人造成何種性印象？初次見面印象中「性」印象意外地佔有重要的分量。男性若帶有陽剛氣令人覺得散發一股英氣，使人感到信賴感。女性若表現溫柔、和善的「性」印象，則令人感到親近。假設把自己當成異性，而以鏡中的自己為性對象會有何感覺呢？如果產生慾求不滿、令人噁心、同性戀傾向等感覺，使人大打折扣。

⑥髮型

頭髮顏色、款式是否與年紀相當而有清潔感？有無不潔的印象？

⑦服裝

不乾淨或趕不上流行？全身的均衡感、領帶、襯衫、鞋子顏色的搭配等。

利用上述七個重點再次做自我檢查，即可判斷給人的第一印象是好或壞。如果你給人的印象有不好的一面，應立即糾正。

5 如何令對方產生好印象

◇表情的心理影響

夫婦吵架或被上司責備後再與人會晤，無形中令對方感到不快，使對方覺得自己是不易親近的人。

A

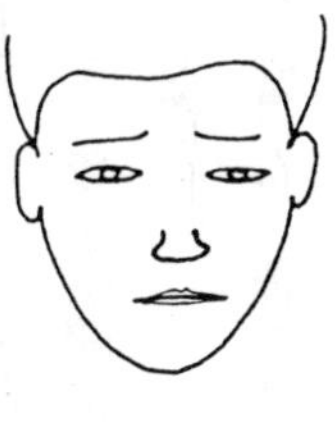

B

這時不妨面對鏡子觀察一下自己。必會發覺您的臉孔給人一種撲克牌式的印象。心浮氣躁或有不快的事情發生，多數人的表情會變得嚴肅。也許當事者毫無所覺，但這種嚴肅的表情會傳染給對方。對方受到這種嚴肅的表情後，自然也會板起一張臉孔來。人的臉、手的表情很容易彼此傳染。

請比較上圖兩個圖畫。看A圖自然地自己的嘴角也會呈A字型彎曲而顯得陰沉。然後再看B圖。您會覺得剎那間心情變得開朗。從嘴角一個表情，即可對觀看者造成如此重大的心理影響。

◇「模仿」的習性

人的表情中有敞開胸懷顯得開朗的動作，以及封閉自我顯得陰沉的動作。尤其是手、口、臉孔等表情或肢體動作，具有極大的影響力。站立著與他人交談時，如果雙手緊緊交握或緊貼在身側，給人一種陰沉而警戒心高的印象。

相對地，雙手張開彷彿擁抱兒童的模樣，則變成開朗而親近的表情。宗教家的肖像畫都是描繪這種姿勢。

人也許具有一種「模仿」的心理。如果自己不苟言笑一副老K面孔，無形中對方也會有樣學樣而板起一張臉來。

最典型的例子是雙手抱胸的姿勢吧。電車裡與陌生人對面而坐時，如果自己雙手抱在胸前對面的人不久也會把雙手抱在胸前。將手搭在胸前或臉上時，對方在無意識中也會跟著模仿類似的動作。

如果自己展現開朗的微笑，坐在對面的他人也莫名地露出笑容。開朗愉快並向對方打招呼說「你好！」「歡迎光臨！」對方也會開朗的應對。聲音大比細小如蠅的聲音，給人產生好感。如果悄聲的說話，對方會受到影響而用更細弱的聲調交談。

渴望獲得他人好感時，首先應對他人產生好感才進一步交往。

◇矯正焦慮法

那麽，如何在焦慮之後控制自己的感情，這乃是人際關係中獲得成功的重要關鍵。

從前碰到這種情況會以計數來抑止。當覺得心浮氣躁怒不可抑時，則在腦中徐緩地數一、二、三直到十。美國的推銷員教育中，則利用鏡子做自我訓練。感到焦慮、可能動怒時，花較長的時間在鏡前端詳自己。一邊整理頭髮或端詳自己的臉孔，以平撫起伏不定的情緒。

還有一種更為奇特的鏡子利用法。當焦慮、憤怒時，面對鏡前慢慢地縮起下巴。然後做一個深呼吸。再抬起雙眼注視鏡中自己的臉孔——臉孔表情會舒坦多了。

據說日本丸善的董事長司先生，二十多年來就用類似的方法調整自己的情緒。早晨到公

鏡子讓鏡中的人，造成超乎想像的心理變化

司對職員訓示時，必先面對鏡前端詳自己的臉孔，以平穩情緒。

照鏡子並不只是禮節或裝扮所需。它還具有改變自己心態的心理效果。心浮氣躁時只要端詳鏡中的自己，即可使心情獲得平靜。

◇鏡子的效用

某書店因陳列的書籍經常被竊而傷透腦筋，這家書店因顧客順手牽羊所遭受的損害相當嚴重。雖然曾經想過各種防範方法卻毫無效果。結果一名店員建議在店裡各處裝設鏡子。書櫃之間或壁上掛著可以照到顧客臉孔的鏡子。

這個單純的構想使得以後的竊書事件大幅減少。想順手牽羊拿走一本書時，卻看見鏡中自己的臉孔——小偷就已失去順手牽羊的勇氣。看見鏡中自己的臉孔，超乎我們想像的造成心理上的緊張。

在推銷員中懂得與人應對的人，通常會攜帶小型的鏡子。與重要的顧客會晤之前端詳鏡中的自己。為的是利用鏡子調整自己的情緒。

6　如何獲得對方的信賴

『人心讀心術』的作者E‧貝亞指稱，若要在人際交往中獲得成功，如何傾聽對方的談話才是重要的關鍵。傾聽對方的談話並不只是「用耳去聽」。僅只注意聽並無法令談話者感到滿足。

貝爾認為：「不僅用耳，還應努力用眼、肩、臉或手去聽話。」揣測對方所追求或所期待的內容，去傾聽對方的談話。

最近多數推銷員，在與顧客面談時都擅長自我推銷，然而有不少人卻不懂得如何去傾聽顧客的談話。

事實上有許多推銷員，不知如何從傾聽對方的談話中，理解對方的心理。

熟知傾聽對方談話的推銷員，在如何讓對方去聽自己的談話這一點上，也頗下功夫。「面談術」中最重要的關鍵，也可說是「傾聽法」「使人聽法」等的技術。如果對方是繁忙的顧客，或根本對自己的談話毫無興趣的人，「令對方去聽的方法」「聽他人談話的方法」等技術，便日形重要了。

◇對方所渴望的是什麼

與顧客之間的生意往來應對，或在公司裡與高級主管接觸時，如果發生人際關係齟齬的情況，通常原因是在自己的傾聽方式或令對方聽聞的方法不佳。

多數情況是憑個人的感覺去判斷對方，或過於固執己見。無法以客觀的立場理解自己和他人所處的環境、立場。

譬如，被上司指示：「告訴對方明天三點以前把名片做好。」而立即到印刷廠去訂購名片時，印刷廠的回答是要三天的時間才能做好名片。

這個人回到公司後，如果直接的告訴上司說：「名片要花三天才會做好。」這樣的轉述鐵定碰了上司一鼻子灰。如果他因此而認為上司是不理解部屬工作的人，或無理取鬧者，這就是身為部屬自己的不對。

上司之所以要求明天三點以前把名片做好，也許是因公司的重要工作，必須在明天三點以前出差，或與公司相關的人正好在三點舉行葬禮。

不能充分判斷客觀的狀況，只把印刷廠的回答轉述給上司的態度，令人難以苟同。這種態度自然無法獲得對方的信賴，因為，這種情況根本沒有執行上司所交待的命令，只是傳達了與自己無關的印刷廠的答覆而已。結果變成別人的跑腿罷了。這是東急的獨裁董事長五島太先生經常對職員訓示的一段話。

◇亞斯特利亞飯店的小弟訓練

當然，只是確實執行對方所交待的事，並無法充分獲得對方的信賴。根據工作的性質有些必須配合對方的步調採取行動，才能獲得信賴，而有些情況則應積極闡述自己的觀念，或批評對方的意見，才能博得信賴。

美國最大飯店亞斯特利亞飯店的小弟訓練，在這一點也嚴格教導待客之道。以標榜「顧客是國王」為經營觀念的創業者史塔拉的觀點而言，當顧客點叫一份半熟的牛排而依其指示送牛排過去時，即使對方抱怨說：「我的是全熟牛排。」也應回答：「非常對不起。立即為您改成全熟牛排。」這是以顧客為主來處理事務糾務的訓練。

如果以不當的話破壞了顧客的心情，即使飯店設備再好，房間裝潢再高級，也會造成顧客對飯店不良的風評。筆者本身旅居美國時也有類似的經驗。

某次，為了打電話給飯店裡的友人，而告訴接線生對方的號碼。我請求接線生為我接五三〇四號的住客而說：「five • three • zero • four」，接線生依照我所說的跟著覆誦「five • three • zero • four」，在另一個機會再次叮嚀是否是接「five • three • zero • four」。於是我故意在另一個機會撥五三〇四號時改口說：「five thousand three nundredand fore」，結果那位接線生依我的方式做了覆述。

即使是錯誤的發音或讀法，飯店的從業人員也具有依顧客的說詞覆述的義務感。這點細微的瑣事令人感到無比的親近。

7 你具有獲得信用的資格嗎？

人通常會因一點小事而失去對方的信用。某心理學家曾經讓提出離婚者舉出離婚的原因，據說真正的原因很少是性格不合或彼此之間已沒有愛情，多數是生活周遭細微小事不滿的累積，而走上離婚的不歸路。譬如，不滿意對方早晨用完牙膏後，忘記蓋上牙膏的蓋子，或用餐時看報紙，把煙灰丟在橘子皮內等瑣事。

◇獲得對方信用而連續出書的評論家

誠如人會因一點小事而失去對方的信用，相反的，也會因芝麻蒜皮的瑣事，而獲得對方的信賴。

心理學家也是評論家的格納爾特・A・雷安頓，就以奇妙的方法獲得雜誌總編輯的信賴。某天，那位總編輯向其要求，希望出版他在報紙連載的評論集。但是，總編輯所提出的稿費出奇地少。於是格納爾特如此告訴總編輯，他的說詞當然不是因稿費低而拒絕。

「我有一個建議，把這個銅板丟出去，如果靜止時是正面則讓你免費出版那個評論集。但是，如果是反面則請支付您剛才所說的稿費的兩倍。」

銅板擲出後靜止的是正面。於是他承諾不拿一分稿費而出版該評論集。

這個結果雖然使格納爾特暫時蒙受損失，但此後那位編輯長對他的信賴日增，一再為其出版新書。

請將這樣的觀念記在腦海裡，再來思索以下的問題：

〈**測驗一**〉

決定開創事業而經過一年以上的研究，結果發現「麵店」最適宜。但是為了慎重起見向學長或友人詢問意見。如果是你，如何請求學長或朋友，才能找到值得信賴的意見呢？請從下列的(A)(B)(C)(D)中任選其一。

(A)「我決定賣命去做，也覺得划得來。但是，為了慎重起見，想詢問您的意見如何？」

(B)「經過一年多的研究比較，我覺得最適合經營麵店。最後關頭我想傾聽經驗老道的您的意見。」

(C)「我想這工作一定相當困難。我希望能找您商量藉助您的智慧。因您的意見也可能放棄這個工作。」

(D)「我毫無自信。但是，我覺得對我而言這是最容易的工作。我想傾聽您的意見。」

〈**測驗二**〉

為了支借三萬元而到五個朋友的家裡拜訪。雖然這五個朋友並沒有當場應允，卻各自有如下的說詞。哪一個人的說詞最值得信賴呢？

(A)既然是你的問題我會想辦法，但先讓我和妻子商量看看。

(B)不願意因金錢的問題而犧牲了友誼。

(C)我為您找可以借錢給您的人吧。

(D)月息兩成也可以嗎？

(E)老實說我無法借錢給你。

對於上述兩個問題，您的答案是什麼呢？

測驗一的問題以(C)的請求方式最理想。

請求他人的意見時，像(A)或(B)的方式，以自己已下定九分決定為前提，向對方討教時，被詢問意見者因對方已研究許久又有十足的幹勁，通常會做隨便的發言，而認為可以從事麵店的行業。無形中做不負責任的發言便是人的心理。

尤其是(A)的方式「為慎重起見……」之類的說詞，無法使對方認真站在請求者的立場陳述意見。而(B)的情況是經過一年的研究而判斷最適合經營麵店。自己的意見變成向對方陳述主張的結果，自然會令對方覺得既然已經研究了一年，應該可以從事該行業而做輕率的建議。若是(D)的詢問方式，根本使對方完全失去陳述意見的興趣。

測驗二的問題以(B)和(E)的回答最為普遍。

碰到金錢的問題以「和妻子商量」或「代尋可以借錢的人」等方式迴避自己責任的人，在人際關係中，不會對自己的行動或言詞負起責任、缺乏決斷力。Ⓐ或Ⓒ是相當巧妙的間接拒絕法，卻無法使人獲得信賴。像Ⓓ一樣提出「月息兩成」的條件者，則是以對方不會以兩成的利息借款為前提所做的回答。他具有給人留下「不是拒絕你，只要支付兩成的利息就借給你」的效果。

8 如何掌握對方的心

◇從信封也可以掌握心理

與著名人士或公司的經營者會面，並不是一件容易的事。打電話便在秘書的階段即斷了線，在其每天數百封文件中，用書信接觸很少有獲得青睞的機會。該怎麼辦呢？先別打退堂鼓。

距今五十多年前，有一名美國青年希望到某報社就職，他百般思索如何讓對方閱讀自己的信函，結果想到一個妙案，他在信封上用紅筆寫了兩個粗大「危險」的字，終於獲得面談的機會。我所認識的某推銷員，連續四個月對同一個顧客郵寄一二〇封同樣內容的信函，才好不容易與該人物碰面。

日本化藥會長原安三郎先生，大學畢業後不久，為了接近當時擔任三井物產高級主管的山本條太郎先生，徹底調查其日常生活情況，當他獲知山本先生以狩獵為興趣時，帶著一隻野鴨當做禮物到其住宅拜訪。這個拜訪對原安先生日後的生涯，帶來決定性的影響。

數年前堪稱日本不銹鋼流理台第一號廠商的山維普董事長柴崎勝男先生，當時為了游說住宅公團的總裁加納久郎先生，而一日親訪其府宅三、四次，最後終於成功地接下一萬個流理台的訂單。一天拜訪一次對任何人而言並不困難，但接連三、四次到同一個客戶家拜訪，可要有極大的熱忱了。

筆者本身的住處連日也會堆積一〇〇封左右的信函，每天工作繁忙無法閱讀所有的信函。我發覺在這麼衆多的信函中，會有吸引自己拆開信封閱讀的信件，以及迅速過目後並沒有留下太大印象的信函。我想不僅是筆者個人舉凡雜物繁多者，在接獲衆多信函時，都會有類似的心理。

①用「限時信」或「掛號信」寄達的信函必會過目。
②以端正工整的文字寫成受信者姓名、住址的信封，必吸引注意。
③用鉛筆書寫姓名、地址的信封，不論內容如何都令人興趣缺缺。
④受信人姓名錯誤的信封，百分之八十以上信函的內容也不明確。

「咦！紐約總公司特別提起我……」

⑤使用美麗紀念郵票或信箋的人，會表白深刻的問題。

◇令他人以為自己最特別

數年前美系百科事典在日本流行一時，當時的推銷員中，有不少擅長製造拜訪顧客契機的高手。他們會在事前以電話詢問對方的方便，而在交談中令對方希望深入詳談，引起莫大的興趣。

他們所共通之處，是絕口不說「推銷」二字。一般的說法是「我不是要您買書」。譬如，對方是中小企業的董事長，則會以下列的方式打電話推銷。

「我叫×××。美國百科事典○○○的紐約總公司特別交代，務必與董事長您見一次面，因此想詢問董事長您時間上方便與否？」

如果是以往的推銷員大部分會直接拜訪該董事長，並明白表示自己是百科事典的推銷員，熱心做商品的宣傳。

據說只要在電話中做如此簡單的陳述，有百分之六十的人會想一探究竟。以心理學的觀點而言，這番話具有以下的效果：

①從這番話，不會令人覺得叫做×××的人是一名推銷員。甚至令人誤以為是從美國派遣來的重要人物。

②兩次提到董事長的稱呼。這可以喚起對方的菁英意識。

③「紐約總公司」「特別向董事長您」之類的表現，令該中小企業的董事長，對於是否能提高公司利益感到關心。

如果對方是大人物或很難與之會晤的人，必須留意以下各點：

①對這位人物以各種角度進行調查。

②不為自己工作的利益佈局，而是給對方帶來使其獲利的印象。

③留下與自己會晤，會提高公司社會信用的印象。

④引起「特殊者」的印象。但絕對不可喪失「具有誠意」的印象。

9　務必與對方會晤的心理戰術

接連數次登門拜訪卻連連吃閉門羹。雖然決心今天務必與該人物會晤卻被拒絕時，整天的工作情緒會因之毀於一旦。

理光董事長市村清先生在從事推銷的時代，據說曾經一日連續拜訪數十回才獲得與重要人物碰面的機會。不辭辛勞反覆拜訪時，對方也會被這股熱忱感動而答應與之會晤。

人與人之間交際往來的第一步，是如何去掌握會晤的機會。根據對方的職業或性格，有些人會爽快應允會面，而有些人則斷然拒絕。

若要掌握與不願會晤或繁忙者面談的機會，針對對方的心理做判斷極為重要。同時，也必須充分研究對方的心態習性，想辦法誘導對方拂去心中的障礙應允面談，或有意深談的意願。最近的推銷訪問中，最為重要的便是這類的研究。

◇櫃台小姐是關鍵

任何公司的出入口都有公司的櫃台小姐應接往來的訪客。讓櫃台小姐產生何種印象不論在工作或面談等情況，都具有重大影響力。而該公司的經營態度或董事長的經營理念，最容易暴露在櫃台小姐的身上。櫃台小姐一副不可一世的模樣，或態度惡劣的公司，是對從業人員的管理顯得鬆散隨便的暗示。

如果成長茁壯的公司，櫃台小姐的舉止行動也顯得神采奕奕。一般是藉由櫃台小姐而獲得與該公司重要人物會晤的機會，如果無法理解櫃台小姐的心理，或給櫃台小姐產生不良印象，在進出該公司時，會被從中作梗或產生不便。那麼，櫃台小姐通常有何心理呢？瞭解她們的心理就是「突破櫃台關卡」的關鍵。

◇威壓的態度是自卑感的反證

一般大企業或公營機構，在公司組織下位居不醒目的下層階級，卻在對外關係上與外界接觸的首要人物的職場，諸如警衛、守衛、櫃台小姐、電梯服務小姐等，表現出人意外的威

威壓的態度是自卑感的反證

壓態度。

難道這是平時的自卑感藉由外人宣洩的表現？有些人自己本身並不偉大，卻因置身於具有權勢、威望的公司或公營機構，而誤以為自己也是擁有重大權力的人。

大公司的守衛員，會以遙控在公司出入的商人或外來的訪客而感到滿足。

這種人對推銷員而言，是最難應付人物。但是，唯有這種人與其建立親近關係後，在各個方面都有好處。

◇推銷汽車的關鍵在司機

某一流汽車公司的推銷員，據說在推銷汽車時，絕對不直接會晤公司的高級主管或負責人。

他會先與公司的守衛員或公司雇用的司機建立親密關係。

這些人雖然在公司裡並非舉足輕重的重要角色，而實際上卻是與「汽車」接觸最多的人。與這些人保持親近後，即可方便出入該公司。同時，也可藉由經常迎送高級主管的司機口中，得知公司所需要的車種，掌握所應推銷汽車的種類。

◇拉攏櫃台小姐的推銷法

某保險公司資深推銷員，據說記錄自己所負責的公司，全體櫃台小姐的生日，而在生日當天送其禮物。這一點細微的體貼，不僅在會晤所拜訪人物的傳達上，獲得比他人更為禮遇的接待，還可以獲得公司內的情報。

面對櫃台小姐或守衛等職務的人，應特別注意的是「遣詞用句」。一般櫃台小姐都是年輕的女子，無意識中認為對方比自己年幼而表示輕慢的態度，在說話語調上也顯得不客氣。這樣的態度令對方感到惱怒。即使對方年紀比自己小，也絕不可傷害其自尊心。如果不留意說話的禮貌，事後恐怕會因為她的不滿而造成對你的謠傳。

「××公司的推銷員真討厭！把人看成入傻瓜一樣！」

不論對方的年齡或公司裡的職位，都應特別注意說話的禮貌。

10　掌握時機與對方的心理

◇傍晚六點左右的電話令人討厭

拜訪或打電話如果時機不對，不僅令對方感到排斥，甚至產生不信感。某證券公司的年輕推銷員，想利用告知顧客當天第一手股市行情藉以掌握顧客。因此，他在一天的交易狀況塵埃落定的傍晚六點左右，打電話到顧客家告訴對方：「明天是購買的時機。今天的行情是……」。但這個電話戰術毫無效果。

以為對顧客有益的事，其實只站在自己的立場著想而已。對對方而言，下午六點左右是家事最繁忙的時候。多數的主婦會因做料理或整理家務忙碌不已。為了將要回家的家人，正為炊事忙得團團轉。每個家庭都因為這通電話感到惱怒，認為這個推銷員真是不長頭腦。

◇不可忽視的「吉凶日」

某些日子做推銷訪問會令對方感到厭惡。譬如，「大安」的日子，早晨到美容院推銷可要特別留意。「大安」是各種喜慶、婚禮、結納等衆多的日子，這天的美容院生意興隆且忙亂。如果和開學典禮或畢業典禮的日子重疊，更忙得不可開交。

雖然顧慮日子的吉凶顯得有些荒唐，事實上仍有多數人的日常行動因日子的吉凶而左右。這類現象在美國的商業界也隨時可見。由於美國人認為雨天搬家會遭逢不幸，使搬運公司碰到雨天常有取消送件的客戶，而造成收入減少。

◇依顧客的不同掌握最佳時機

除了「吉凶日」之外，因顧客所從事的職業不同，某些日期或時間對方會欣然應允受訪或接聽電話，而某些顧客卻恰如其反。若顧慮到顧客的心理，在其繁忙時拜訪只會增添其麻煩。掌握最佳時機可說是重要的心理戰術。

〈最閒暇的時間帶〉

- 魚店（休假前以外的下午一～三時）
- 理髮店（星期五的早上九～十一時）
- 美容院（星期一、四早上十一～一時）
- 診所（上午九點以前及下午三時左右。星期日、假日之前繁忙）
- 社區的主婦（每月下旬的星期一和星期三上午十～下午三時之前）
- 作家（每月上旬的下午一～五時）

〈繁忙的時間帶〉

- 商店經營者（五號、十五號、二十五號、三十號星期六重疊的日子）
- 美容院（畢業典禮的六月份、開學典禮的九月份）
- 銀行員（五號、十號、二十號、二十五號、三十號的下午二～三時）
- 牙科醫（上班族下班時間前後、春季尤為繁忙）
- 教師（考試季節）

在現代人的生活中，除了自古相傳已成風俗或迷信的「吉凶」日之外，也有現代社會機構所自然形成的時機。如果站在顧客的立場著想，這些不同的時機會造成正負面的心理效果。

11　坐的位置和對方的心理

◇與對方之間的位置關係——三種型態

與初次見面者會晤時根據所坐的位置會改變彼此溝通的狀況，或二人之間的信賴感。最早留意到這一點的是洽談心理學（Counseling），其發達造成相當的影響。

筆者本身每天所從事的就是洽談活動，在訪談中也體驗到與訪談者位置之間的奧妙。從前和訪談者會有如刑警在詢問嫌犯，隔著桌子面對面交談。但這個位置似乎令對方產生極大的威壓感。

因此，這種位置關係無法使洽談二人有親近感。如果改成在長條形的沙發上進行交談，就會自然產生親近感。但其缺點是很難把自己的意思傳達給對方。通常無法使彼此間的談話融洽發展。

因此，我試著改坐成L字型的位置，這個位置關係不但使雙方產生親近感，也使溝通順利，進而建立雙方之間的良好人際關係。因此，這種位置關係變成心理洽談時的基本位置。

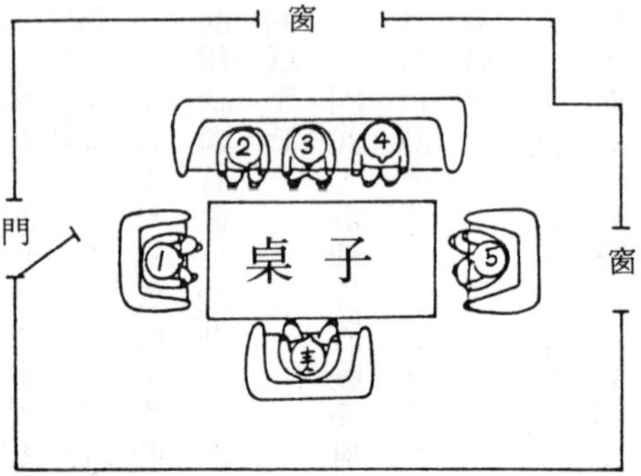

以一對一的方式面談時，這個位置不會傷害對方的自尊心，最為安全。

如果能善用這三種位置關係，即可因目的不同達到效果。

①推銷的情況——坐在長型椅子或L字型的椅子。不可面向窗側而坐。

②酒吧或俱樂部的女侍——並肩而坐。尤其要留意盤腿的方式。把一腳跨在與顧客靠近的腳上而坐。

③想要誇耀自己的權勢時——對面而坐，且對方的椅子比自己的椅子矮。選擇臉孔面向窗或燈的位置。

④想聽對方的意見或煩惱時——讓對方坐在自己的左側而呈L字型的位置。窗口拉上窗簾，避免直接光線的照射。

⑤相親時——讓男女二人坐在桌子的對角線上。如果男性注視著女性的眼睛，而女性的視線落在男性領結附近是最好的姿勢，可使彼此產生親近感。

◇訪問推銷時與對方採取的位置關係

到某家庭做推銷訪問。被招待進入如右圖所示的房間，你覺得坐在那個位置可使彼此間的談話具有效果呢？

與顧客應對時最重要的是光線的強弱。尤其是面對初次見面者，根據光線投射在自己臉孔的狀況，使臉孔給人的印象產生極大的出入。如前所述，露出左側臉給人的印象較佳。而最理想的是以左側臉七、右側臉三的比率與對方對坐。這個表情給對方的印象最佳，也最適合說服對方。

基於這個觀念，做推銷的應對時以②的位置最好。但是，若要迅速地攻陷心防，則以①最佳。③的位置給人與對方平起平坐的印象必須忌諱。④或⑤光線不佳無法產生臉孔效果。而且，④、⑤偏離門甚至會給人「厚顏無恥」的印象。

坐在椅上交談時，避免面對面溝通，儘量坐在與對方保持斜角的位置。與初次見面者面對面交談會因對方臉孔或表情的影響，而難以暢快地表達意見。尤其是話題少的人，又要接續談話往往難以掌握適當的「空檔」。當話題中斷時，會因視線無處可擺而感到困惑。但是，如果斜對而坐可以不必注視對方的臉孔而交談。偶而端視對方的臉孔再持續談話，不會有尷尬或不知如何接續的窘境。

12　意思傳達和對方的心理

＜何種位置配置最能夠傳達意識＞

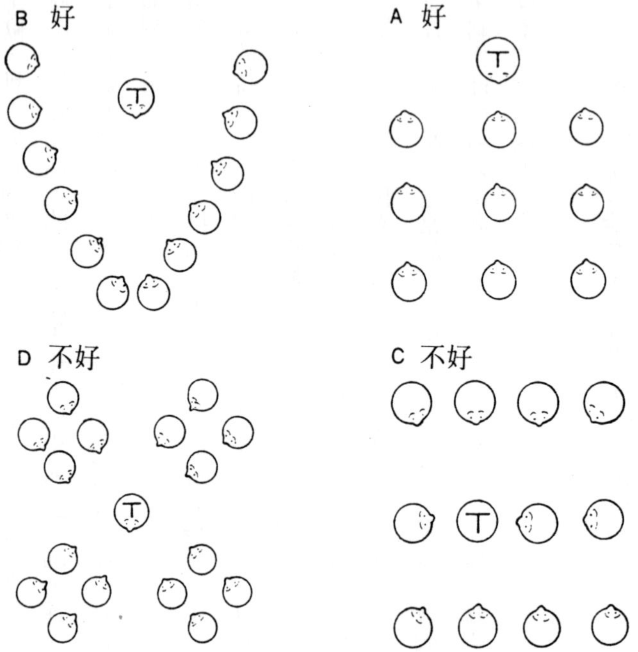

圓桌的情況

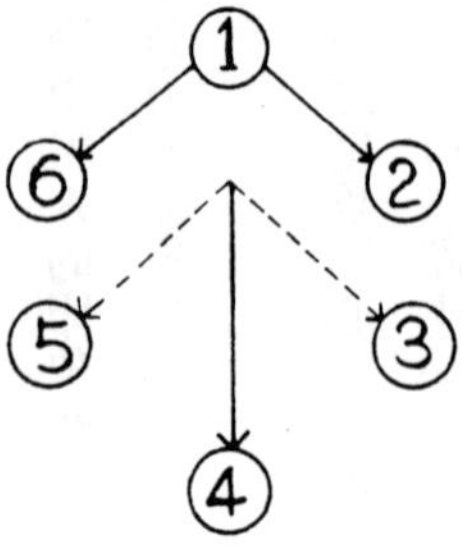

T＝老師的位置
做意思傳達時傳統的位置配置最適宜。尤其是D的位置，乍看之下，似乎不錯，其實難以傳達意思，而學生之間的溝通也不㫋。在圓桌上 1 和 4 最容易溝通。

在公司裡召集十名以上的職員舉行會議，或召開說明會或講習會時，有些人不知該如何配置座位。對於發表意見者，該坐在那個位置較具效果亦有不同的說法。

最近，美國的暢銷心理學雜誌的記事中有一項的調查，在教室裡老師所坐的位置如何配置才方便教學，同時對老師及學生在心理上能獲得最大的安全感。

根據這項調查有多數人認為前頁圖示的A和B最有安全感，老師——學生之間的意思傳達最為暢通，而C、D的位置被認為是「最差勁的位置」。

以D的情況為例，乍看下似乎具有效果，其實各個小組形成孤立，不僅老師——學生之間的傳達不佳，也會造成學生之間的溝通不良。

做說明或下達命令時，以傳統式的配置方式最適宜。

而在圓桌進行討論或交談時，通常有固定的會議傾向。

根據B．史泰勒森的研究，在圓型桌上與可以清楚看見對方臉孔位置的人，較常有意見的交換，而和看不見的對方，很少有意見溝通的次數。

換言之，如果領導者坐在①的位置，可以充分和坐在④位置者進行溝通，但卻無法順利和③⑤內的人進行溝通。

根據筆者本身以往的經驗，溝通的情況也會受圓桌，大小的影響，如果是一般的圓桌，與正對面的對方最容易做意思的傳達，其次是坐在其左側位置的人。

這似乎和我們在觀看事物時的癖性有關。一般人通常會較留意位於左側的事物，或將臉朝向左側、身體轉向左側的習慣。各位不妨在會議席間試試看。

13 測驗自己

◇產生好感的應對

有不少人對於日常與他人的應對進退上，自己的言行舉止是否恰當感到不安。雖然自認在應對進退上可能令對方滿意，卻有許多出乎意外帶給對方不佳印象的情況。

當然，應對進退的態度，很容易受當天的身體狀況或心態所影響。心浮氣躁時無形中也會把這個情緒傳染給對方。

也許自己的心理狀態或性格，正處於難以和他人適切溝通的狀況。相反地，也會因對方的狀態而有不同的感受。請利用下面兩個診斷法，測驗自己的基本心理狀態：

〈**測驗1**〉

首先請看下頁的圖。這是一張描繪飯店大廳的圖。在入口有一個拿著行李的男子。接下來到底會發生那個情況呢？

＜測驗１＞

在飯店的大廳前站著一名手拿行李的男子。你覺得接下來會發生那個情景？請從⑴～⑷的情景中選擇你所想像的情況。

⑵服務生搬運行李

⑴坐在行李箱上

⑷留下行李走向櫃台

⑶自己搬運行李

請從⑴～⑷的圖中選一項你所認為的答案。

⑴忍不住坐在行李箱上。

⑵旁邊的服務生走過來代提行李箱。

⑶自己拿起行李箱走向飯店。

⑷把行李箱留在入口處自己走進飯店。

這是德國的心理學家所考察出來的一種深層心理測驗。為診斷日常的人際關係，尤其是判斷商場上對方的應對性格，從中可以分析對事物的義務感或責任感。

選擇⑴的人，感情起伏激烈，一旦發生問題時，會把責任推卸給他人的傾向，在待客方面也無法適切應對。

選擇⑵的人，處於極為安定的狀態，有可能在應對進退上令對方感到滿意。自己也能克盡職務，並要求他人實行義務的人。在營業、販賣關係上，具備理想的能力與適性。

選擇⑶的人，在解決問題上過於以自我為中心，而無法取得周遭的協調。無法充分掌握對方的心態而給予適切的應對。在販賣上表現略微消極的性格。

選擇⑷的人，具有獨特的構想，而在待客之道有好惡之差，通常對對方的反應顯得遲鈍。

◇測驗你的應對能力

請思考自己的日常行動及顧客的應對之法，在以下各個測驗中，挑選與自己的想法最接近的答案，並畫下○記號。

〈測驗2〉

(1)你和他人談話時視線經常投注在對方那個部位？

(A)對方的嘴邊。

(B)對方的眼睛。

(C)對方臉孔整體。

(2)有兩名顧客同時向你打招呼。你該如何應對？

(A)先回答年長的顧客。

(B)首先和最接近自己的人應對，然後告訴另一個顧客：「請等一下。」

(C)自己和其中一名顧客應對，並呼叫其他店員與另一名顧客應對。

(3)顧客所要的商品有一、五○○元，二、○○○元，三、○○○元三種。首先你會拿那件商品給顧客看？

(A)三種全部拿出。

(B)先讓顧客看三、○○○元的商品。

(C)先讓顧客看一、○○○元的商品。

(4)有一名臉孔顯得極度疲憊的女顧客，牽著孩子走進商店。你會從那個話題招呼顧客？

(A)「您的臉色不太好，很疲倦吧！」

(B)「好可愛的小孩啊！」首先以其身邊的孩子為話題。

(C)只談正事而不談個人的話題。

(5)不清楚其住所卻經常到店裡惠顧的顧客，有一次拿出一萬元鈔票購買三〇〇元的商品。碰巧沒有零錢。你會怎麼辦？

(A)到附近把一萬元鈔票換成零鈔，再找零給顧客。

(B)告訴他以後再付錢，先把東西帶回去。

(C)告訴對方碰巧沒有零錢而拒絕買賣。

(6)讓打工的學生看店。有一名顧客購買了一支二〇〇元的牙刷五十支。對方因購買五十支而要求打九折，打工的學生只便宜一〇〇元而收下九、九〇〇元。但是，事後卻發現訂價並非一支二〇〇元而是一八〇元。因此，九、九〇〇〇元並沒有打折而是多付了錢。那麼，你會怎麼辦？

(A)說明理由後，退回九〇〇元。

(B)任由他去。

(C)把九〇〇元給打工的學生。

(7)一名顧客走進店裡顯得畏畏縮縮的樣子，他四處找尋商品。那麼你會怎麼辦？

(A)打招呼說「歡迎光臨」而靜觀其變。

(B)靜觀其變。

(C)走進顧客身邊詢問「有什麼事嗎？」

(8)顧客走進店裡，想要購買自己店裡並沒有的商品時，你會怎麼辦？

(A)告訴對方店裡並沒有這樣的商品。

(B)告訴對方店裡沒有這樣的商品，而代為介紹其他的商店。

(C)告訴對方店裡沒有這個商品，而建議購買與其類似的商品。

〈採分方式〉

採分表

測驗	畫下圓圈的答案		
	(A)	(B)	(C)
(1)	3	5	1
(2)	1	3	5
(3)	3	5	1
(4)	1	5	3
(5)	3	5	1
(6)	1	3	5
(7)	5	3	1
(8)	1	5	3
合計			

請確認你所畫下○的答案在表中找尋得分，並做下○記號。將其總分和〈測驗1〉的結果組合起來做自我診斷。

〈8分～16分〉

你雖然充滿著行動力與積極性，卻無法理解對方真正的感受，或不能適切與顧客應對進退。你的缺點是不能站在對方的立場思考。也許可能被認為是服務欠佳的店員。

〈17分～25分〉

你非常認真而動作伶俐，卻有不擅長變通、服務精神不足的地方。同時，也會對顧客產生好惡的差別。不過，在〈測驗1〉選擇(2)的人屬於安定型。

〈26分～34分〉

你可以說是最普遍、最容順應的營業員類型。若能充分發揮自己的能力，應可以掌握對方的心。不過，如果在〈測驗1〉中選擇(3)或(4)的答案，則略見低潮的情緒。

〈35分～40分〉

你是洋溢著服務精神能熱忱對待顧客的人。具有在初次見面即洞察對方心態的眼力。不過，在〈測驗1〉中選擇(1)或(4)的答案時，乃處於略微低潮的狀態。

讀者們所選擇的答案一共是幾分呢？

後序

從前，美國有一本『讀人心如讀書』（Read people like a book）的書，發行之後造成轟動。

如果能像讀書一般瞭然地閱讀人心，該是多麼美妙的一件事。因為，人心最難以捉摸。目前有多數學者，試圖從各種角度對人心做各項的分析研究。譬如，根據血型以理解人心或利用臉孔、表情、肢體語言為媒介去掌握心態……。解讀人心的努力已呈多樣化。資深的推銷員中有人彷彿具有「占卜師」的神通，能一眼拆穿他人的性格。也有人因對人心的問題感興趣，經由多方研究而搖身一變為正統的心理學家。

但是，其中有人對於「洞穿人心」或「看穿心理性格」的問題特別投入。這種人常會利用第一印象，對初次見面者品頭論足，以致造成對方的不快。也有人開口即詢問對方血型或出生年月日，並逕自若有所感地喃喃自語，一副志得意滿的模樣，可謂變態的人間鑑別狂。

其實「洞穿人的心理學」的真正目的，並非如占卜師之輩看穿他人之心，令對方感到驚愕。而是思索對方目前所思所念所期待的事物，讓自己的行動能配合其願望與期待。

換言之，只不過是加強對方與自己心靈交流的手段之一。努力把複雜而困難的人際關係，變得生動活潑，乃是本書真正的目的。

也可以說是為了讓懦弱、迷惘的自己，更方便投入強者或希望交往的對方心中的一種道具。也許這是改善二十一世紀人際關係的一種心靈武器。同時還具有防衛容易受騙上當的自己，有如防衛心靈之槍手的功能。

筆者衷心的期待『解讀人心術』，能在建立人際關係與良好的工作環境中，發揮其更大的效用。

•法律專欄連載• 電腦編號58

台大法學院　法律學系／策劃　法律服務社／編著

①別讓您的權利睡著了1	200元
②別讓您的權利睡著了2	200元

•秘傳占卜系列• 電腦編號14

①手相術	淺野八郎著	150元
②人相術	淺野八郎著	150元
③西洋占星術	淺野八郎著	150元
④中國神奇占卜	淺野八郎著	150元
⑤夢判斷	淺野八郎著	150元
⑥前世、來世占卜	淺野八郎著	150元
⑦法國式血型學	淺野八郎著	150元
⑧靈感、符咒學	淺野八郎著	150元
⑨紙牌占卜學	淺野八郎著	150元
⑩ＥＳＰ超能力占卜	淺野八郎著	150元
⑪猶太數的秘術	淺野八郎著	150元
⑫新心理測驗	淺野八郎著	160元

•趣味心理講座• 電腦編號15

①性格測驗1	探索男與女	淺野八郎著	140元
②性格測驗2	透視人心奧秘	淺野八郎著	140元
③性格測驗3	發現陌生的自己	淺野八郎著	140元
④性格測驗4	發現你的真面目	淺野八郎著	140元
⑤性格測驗5	讓你們吃驚	淺野八郎著	140元
⑥性格測驗6	洞穿心理盲點	淺野八郎著	140元
⑦性格測驗7	探索對方心理	淺野八郎著	140元
⑧性格測驗8	由吃認識自己	淺野八郎著	140元
⑨性格測驗9	戀愛知多少	淺野八郎著	140元

⑩性格測驗10	由裝扮瞭解人心	淺野八郎著	140元
⑪性格測驗11	敲開內心玄機	淺野八郎著	140元
⑫性格測驗12	透視你的未來	淺野八郎著	140元
⑬血型與你的一生		淺野八郎著	140元
⑭趣味推理遊戲		淺野八郎著	160元
⑮行爲語言解析		淺野八郎著	160元

•婦 幼 天 地• 電腦編號16

①八萬人減肥成果	黃靜香譯	150元
②三分鐘減肥體操	楊鴻儒譯	150元
③窈窕淑女美髮秘訣	柯素娥譯	130元
④使妳更迷人	成 玉譯	130元
⑤女性的更年期	官舒妍編譯	160元
⑥胎內育兒法	李玉瓊編譯	150元
⑦早產兒袋鼠式護理	唐岱蘭譯	200元
⑧初次懷孕與生產	婦幼天地編譯組	180元
⑨初次育兒12個月	婦幼天地編譯組	180元
⑩斷乳食與幼兒食	婦幼天地編譯組	180元
⑪培養幼兒能力與性向	婦幼天地編譯組	180元
⑫培養幼兒創造力的玩具與遊戲	婦幼天地編譯組	180元
⑬幼兒的症狀與疾病	婦幼天地編譯組	180元
⑭腿部苗條健美法	婦幼天地編譯組	150元
⑮女性腰痛別忽視	婦幼天地編譯組	150元
⑯舒展身心體操術	李玉瓊編譯	130元
⑰三分鐘臉部體操	趙薇妮著	160元
⑱生動的笑容表情術	趙薇妮著	160元
⑲心曠神怡減肥法	川津祐介著	130元
⑳內衣使妳更美麗	陳玄茹譯	130元
㉑瑜伽美姿美容	黃靜香編著	150元
㉒高雅女性裝扮學	陳珮玲譯	180元
㉓蠶糞肌膚美顏法	坂梨秀子著	160元
㉔認識妳的身體	李玉瓊譯	160元
㉕產後恢復苗條體態	居理安・芙萊喬著	200元
㉖正確護髮美容法	山崎伊久江著	180元
㉗安琪拉美姿養生學	安琪拉蘭斯博瑞著	180元

•青 春 天 地• 電腦編號17

①A血型與星座	柯素娥編譯	120元
②B血型與星座	柯素娥編譯	120元

③O血型與星座	柯素娥編譯	120元
④AB血型與星座	柯素娥編譯	120元
⑤青春期性教室	呂貴嵐編譯	130元
⑥事半功倍讀書法	王毅希編譯	150元
⑦難解數學破題	宋釗宜編譯	130元
⑧速算解題技巧	宋釗宜編譯	130元
⑨小論文寫作秘訣	林顯茂編譯	120元
⑪中學生野外遊戲	熊谷康編著	120元
⑫恐怖極短篇	柯素娥編譯	130元
⑬恐怖夜話	小毛驢編譯	130元
⑭恐怖幽默短篇	小毛驢編譯	120元
⑮黑色幽默短篇	小毛驢編譯	120元
⑯靈異怪談	小毛驢編譯	130元
⑰錯覺遊戲	小毛驢編譯	130元
⑱整人遊戲	小毛驢編著	150元
⑲有趣的超常識	柯素娥編譯	130元
⑳哦！原來如此	林慶旺編譯	130元
㉑趣味競賽100種	劉名揚編譯	120元
㉒數學謎題入門	宋釗宜編譯	150元
㉓數學謎題解析	宋釗宜編譯	150元
㉔透視男女心理	林慶旺編譯	120元
㉕少女情懷的自白	李桂蘭編譯	120元
㉖由兄弟姊妹看命運	李玉瓊編譯	130元
㉗趣味的科學魔術	林慶旺編譯	150元
㉘趣味的心理實驗室	李燕玲編譯	150元
㉙愛與性心理測驗	小毛驢編譯	130元
㉚刑案推理解謎	小毛驢編譯	130元
㉛偵探常識推理	小毛驢編譯	130元
㉜偵探常識解謎	小毛驢編譯	130元
㉝偵探推理遊戲	小毛驢編譯	130元
㉞趣味的超魔術	廖玉山編著	150元
㉟趣味的珍奇發明	柯素娥編著	150元
㊱登山用具與技巧	陳瑞菊編著	150元

・健 康 天 地・電腦編號 18

①壓力的預防與治療	柯素娥編譯	130元
②超科學氣的魔力	柯素娥編譯	130元
③尿療法治病的神奇	中尾良一著	130元
④鐵證如山的尿療法奇蹟	廖玉山譯	120元
⑤一日斷食健康法	葉慈容編譯	120元

⑥胃部強健法	陳炳崑譯	120元
⑦癌症早期檢查法	廖松濤譯	160元
⑧老人痴呆症防止法	柯素娥編譯	130元
⑨松葉汁健康飲料	陳麗芬編譯	130元
⑩揉肚臍健康法	永井秋夫著	150元
⑪過勞死、猝死的預防	卓秀貞編譯	130元
⑫高血壓治療與飲食	藤山順豐著	150元
⑬老人看護指南	柯素娥編譯	150元
⑭美容外科淺談	楊啟宏著	150元
⑮美容外科新境界	楊啟宏著	150元
⑯鹽是天然的醫生	西英司郎著	140元
⑰年輕十歲不是夢	梁瑞麟譯	200元
⑱茶料理治百病	桑野和民著	180元
⑲綠茶治病寶典	桑野和民著	150元
⑳杜仲茶養顏減肥法	西田博著	150元
㉑蜂膠驚人療效	瀨長良三郎著	150元
㉒蜂膠治百病	瀨長良三郎著	150元
㉓醫藥與生活	鄭炳全著	180元
㉔鈣長生寶典	落合敏著	180元
㉕大蒜長生寶典	木下繁太郎著	160元
㉖居家自我健康檢查	石川恭三著	160元
㉗永恒的健康人生	李秀鈴譯	200元
㉘大豆卵磷脂長生寶典	劉雪卿譯	150元
㉙芳香療法	梁艾琳譯	160元
㉚醋長生寶典	柯素娥譯	180元
㉛從星座透視健康	席拉・吉蒂斯著	180元
㉜愉悅自在保健學	野本二士夫著	160元
㉝裸睡健康法	丸山淳士等著	160元
㉞糖尿病預防與治療	藤田順豐著	180元
㉟維他命長生寶典	菅原明子著	180元
㊱維他命C新效果	鐘文訓編	150元
㊲手、腳病理按摩	堤芳郎著	160元
㊳AIDS瞭解與預防	彼得塔歇爾著	180元
㊴甲殼質殼聚糖健康法	沈永嘉譯	160元

・實用女性學講座・電腦編號 19

①解讀女性內心世界	島田一男著	150元
②塑造成熟的女性	島田一男著	150元
③女性整體裝扮學	黃靜香編著	180元
④女性應對禮儀	黃靜香編著	180元

・校 園 系 列・電腦編號 20

①讀書集中術	多湖輝著	150元
②應考的訣竅	多湖輝著	150元
③輕鬆讀書贏得聯考	多湖輝著	150元
④讀書記憶秘訣	多湖輝著	150元
⑤視力恢復！超速讀術	江錦雲譯	180元

・實用心理學講座・電腦編號 21

①拆穿欺騙伎倆	多湖輝著	140元
②創造好構想	多湖輝著	140元
③面對面心理術	多湖輝著	160元
④僞裝心理術	多湖輝著	140元
⑤透視人性弱點	多湖輝著	140元
⑥自我表現術	多湖輝著	150元
⑦不可思議的人性心理	多湖輝著	150元
⑧催眠術入門	多湖輝著	150元
⑨責罵部屬的藝術	多湖輝著	150元
⑩精神力	多湖輝著	150元
⑪厚黑說服術	多湖輝著	150元
⑫集中力	多湖輝著	150元
⑬構想力	多湖輝著	150元
⑭深層心理術	多湖輝著	160元
⑮深層語言術	多湖輝著	160元
⑯深層說服術	多湖輝著	180元
⑰掌握潛在心理	多湖輝著	160元

・超現實心理講座・電腦編號 22

①超意識覺醒法	詹蔚芬編譯	130元
②護摩秘法與人生	劉名揚編譯	130元
③秘法！超級仙術入門	陸　明譯	150元
④給地球人的訊息	柯素娥編著	150元
⑤密教的神通力	劉名揚編著	130元
⑥神秘奇妙的世界	平川陽一著	180元
⑦地球文明的超革命	吳秋嬌譯	200元
⑧力量石的秘密	吳秋嬌譯	180元
⑨超能力的靈異世界	馬小莉譯	200元

・養 生 保 健・電腦編號 23

①醫療養生氣功	黃孝寬著	250元
②中國氣功圖譜	余功保著	230元
③少林醫療氣功精粹	井玉蘭著	250元
④龍形實用氣功	吳大才等著	220元
⑤魚戲增視強身氣功	宮　嬰著	220元
⑥嚴新氣功	前新培金著	250元
⑦道家玄牝氣功	張　章著	200元
⑧仙家秘傳袪病功	李遠國著	160元
⑨少林十大健身功	秦慶豐著	180元
⑩中國自控氣功	張明武著	250元
⑪醫療防癌氣功	黃孝寬著	250元
⑫醫療強身氣功	黃孝寬著	250元
⑬醫療點穴氣功	黃孝寬著	220元
⑭中國八卦如意功	趙維漢著	

・社會人智囊・電腦編號 24

①糾紛談判術	清水增三著	160元
②創造關鍵術	淺野八郎著	150元
③觀人術	淺野八郎著	180元
④應急詭辯術	廖英迪編著	160元
⑤天才家學習術	木原武一著	160元
⑥猫型狗式鑑人術	淺野八郎著	180元
⑦逆轉運掌握術	淺野八郎著	180元
⑧人際圓融術	澀谷昌三著	160元

・精 選 系 列・電腦編號 25

①毛澤東與鄧小平	渡邊利夫等著	280元
②中國大崩裂	江戶介雄著	180元
③台灣・亞洲奇蹟	上村幸治著	220元
④7-ELEVEN高盈收策略	國友隆一著	180元

・運 動 遊 戲・電腦編號 26

①雙人運動	李玉瓊譯	160元
②愉快的跳繩運動	廖玉山譯	180元
③運動會項目精選	王佑京譯	150元

④肋木運動	廖玉山譯	150元
⑤測力運動	王佑宗譯	150元

・心 靈 雅 集・電腦編號 00

①禪言佛語看人生	松濤弘道著	180元
②禪密教的奧秘	葉逯謙譯	120元
③觀音大法力	田口日勝著	120元
④觀音法力的大功德	田口日勝著	120元
⑤達摩禪106智慧	劉華亭編譯	150元
⑥有趣的佛教研究	葉逯謙編譯	120元
⑦夢的開運法	蕭京凌譯	130元
⑧禪學智慧	柯素娥編譯	130元
⑨女性佛教入門	許俐萍譯	110元
⑩佛像小百科	心靈雅集編譯組	130元
⑪佛教小百科趣談	心靈雅集編譯組	120元
⑫佛教小百科漫談	心靈雅集編譯組	150元
⑬佛教知識小百科	心靈雅集編譯組	150元
⑭佛學名言智慧	松濤弘道著	220元
⑮釋迦名言智慧	松濤弘道著	220元
⑯活人禪	平田精耕著	120元
⑰坐禪入門	柯素娥編譯	120元
⑱現代禪悟	柯素娥編譯	130元
⑲道元禪師語錄	心靈雅集編譯組	130元
⑳佛學經典指南	心靈雅集編譯組	130元
㉑何謂「生」　阿含經	心靈雅集編譯組	150元
㉒一切皆空　般若心經	心靈雅集編譯組	150元
㉓超越迷惘　法句經	心靈雅集編譯組	130元
㉔開拓宇宙觀　華嚴經	心靈雅集編譯組	130元
㉕真實之道　法華經	心靈雅集編譯組	130元
㉖自由自在　涅槃經	心靈雅集編譯組	130元
㉗沈默的教示　維摩經	心靈雅集編譯組	150元
㉘開通心眼　佛語佛戒	心靈雅集編譯組	130元
㉙揭秘寶庫　密教經典	心靈雅集編譯組	130元
㉚坐禪與養生	廖松濤譯	110元
㉛釋尊十戒	柯素娥編譯	120元
㉜佛法與神通	劉欣如編著	120元
㉝悟（正法眼藏的世界）	柯素娥編譯	120元
㉞只管打坐	劉欣如編譯	120元
㉟喬答摩・佛陀傳	劉欣如編著	120元
㊱唐玄奘留學記	劉欣如編譯	120元

國立中央圖書館出版品預行編目資料

解讀人心術／淺野八郎著；李玉瓊譯
——初版——臺北市；大展，民85
面；　公分——（社會人智囊；9）
譯自：相手の心理を見ぬく法
ISBN 957-557-584-9（平裝）

1.人際關係

177.3　　85001633

原書名：相手の心理を見ぬく法
原著作者：淺野八郎 © H.Asano 1983
原出版者：日本実業出版社
版權仲介：京王文化事業有限公司

ISBN 957-557-584-9

解讀人心術

原著者／淺野八郎
編譯者／李玉瓊
發行人／蔡森明
出版者／大展出版社有限公司
社址／台北市北投區（石牌）致遠一路二段12巷1號
電話／(02) 8236031・8236033
傳真／(02) 8272069
郵政劃撥／0166955－1
登記證／局版臺業字第2171號
承印者／國順圖書印刷公司
裝訂／嶸興裝訂有限公司
排版者／千賓電腦打字有限公司
電話／（02）8836052
初版／1996年（民85年）3月
定價／180元

大展好書 好書大展